W0172832

Eckehard Bamberger
Gott und die Welt

ISBN 978-3-9503499-5-5

Alle Rechte vorbehalten
Gesamtherstellung: Michael Bamberger
www.olona-edition.at
© Olona Edition, Wien 2021

ECKEHARD BAMBERGER

GOTT UND DIE WELT

GEDANKEN ZUR SCHÖPFUNG FÜR GLÄUBIGE UND FÜR JENE, DIE AUF DEM WEG ZU GOTT SIND

OLONA EDITION
WIEN

WENN MENSCHLICHES LEBEN,
OB MIT, OB OHNE GOTT, ZU ENDE GEHT,

BLEIBT DER GROSSE SPRUNG
IN DIE EWIGKEIT GOTTES
NIEMANDEM ERSPART.

E. BAMBERGER

INHALTSVERZEICHNIS

1. VORWORT

„Im Anfang erschuf Gott Himmel und Erde." (Gen 1,1) Ist diese Aussage am Anfang der Heiligen Schrift nur in den Bereich der „Sagen und Mythen" einzuordnen? Oder sehen wir als Christen darin eine Grundaussage über Gottes Wirken? Nicht eine naturwissenschaftliche Erklärung der Entstehung der Welt, sondern eine theologische Grundgeschichte, auf den Menschen hin geordnet?

Ist der Mensch einfach ein Säugetier wie viele andere, dem zufällig ein wenig mehr Gehirn gewachsen ist, oder doch Gottes unendlich geliebtes Geschöpf, von seinem Schöpfer mit einer unsterblichen Seele ausgestattet, als einziges Wesen imstande Gott „Vater" zu nennen?

Und - wenn wir diese Grundaussage über Gottes Wirken und Handeln an Welt und Mensch ernst nehmen - ziehen wir die richtigen Konsequenzen daraus? Erkennen wir den ethischen, moralischen Anspruch, jene Herausforderung, die aus diesem Wirken Gottes an uns und dieser Welt entspringt?

Ein Anspruch, der letztlich in jenem doppelten Liebesgebot mündet, mit dem der Gottessohn Jesus Christus alle Gebote, Vorschriften und Gesetze des Alten Bundes zusammenfasst: „Das erste ist: Höre, Israel, der Herr, unser Gott, ist der einzige Herr. Darum sollst du den Herrn, deinen Gott, lieben mit ganzem Herzen und ganzer Seele, mit deinem ganzen Denken und mit deiner ganzen Kraft. Als zweites kommt hinzu: Du sollst deinen Nächsten lieben wie dich selbst. Kein anderes Gebot ist größer als diese beiden."

(Mk 12,29-31) Ein Anspruch, bei dem die Liebe als die größte Tugend vor unseren Augen aufleuchtet. „Für jetzt bleiben Glaube, Hoffnung, Liebe, diese drei; doch am größten unter ihnen ist die Liebe." (1 Kor 13,13). Der geneigte Leser wird, wenn er aus dem christlichen Bereich kommt, diese Fragen mit Zustimmung beantworten können.

Und gleichzeitig wissen wir nur allzu gut, wie auch bei praktizierenden Katholiken der Glaube - besser: die Glaubensgewissheit - auch schwach werden kann, wie klare Glaubensaussagen plötzlich fragwürdig erscheinen. Leben nach dem Tod, Auferstehung, Woher und Wohin des Menschen - unser Glaube ist durchaus einem Wandel unterworfen. Oftmals fehlen auch die passenden Argumente, um Rechenschaft über unseren Glauben ablegen zu können, oder jenen, die auf der Suche sind, die Hintergründe und die Sinnhaftigkeit so mancher Glaubenssätze darlegen zu können.

Das vorliegende Buch von Eckehard Bamberger kann eine Hilfe sein. Für den Gläubigen, um neue Festigkeit zu erlangen, für den Suchenden, um stärker einzudringen in jenes unsagbar großartige Geheimnis Gottes, dem wir letztlich nur mit dankbarem Staunen begegnen können.

Mag.theol. Martin Leitner
Direktor des Überdiözesanen Priesterseminars
Leopoldinum, Heiligenkreuz

2. Unsere Welt, ein Rätsel?

Urlaub, ein Reisebüro und nach Möglichkeit viel Geld: Das wären die Voraussetzungen, wenn es darum geht, sich wieder einmal die Welt genauer anzuschauen. Reiseangebote gibt es jedenfalls mehr als genug. Wie klein doch Mutter Erde geworden ist, seit die zur Verfügung stehenden Verkehrsmittel alle Träume erfüllen können.

Der Mensch und die Natur: Wie die beiden so herrlich zusammengehören, ist für uns Quell purer Freude. Leider habe ich einen Schönheitsfehler entdeckt, da es noch keinen Reiseführer gibt, der auch auf den göttlichen Aspekt der von uns allen so heiß geliebten Natur hinweisen würde. Vielleicht kann vorliegendes Buch etwas dazu beitragen, denn die Mehrzahl der Reisenden wird sich kaum den Kopf darüber zerbrechen, was wohl dahinterstehen könnte, auf welche Weise unsere prachtvolle Welt entstanden sein mag.

Natur, lateinisch Natura, heißt so viel wie *gezeugt* oder *geboren* werden. Schon dieses Wort sagt uns, dass die Welt nicht von sich selbst geworden sein kann. Die Natur ist auch weitaus mehr, als der Mensch erfassen könnte. Aber davon später.

Christen sprechen von der Schöpfung als einem Werk Gottes. Die Naturwissenschaften müssen von dieser Behauptung absehen, da sie für *Religion* nicht zuständig sind. Der Glaube an einen Schöpfer wie das Verständnis der Welt als Schöpfung sind hingegen grundlegend für Bibel und Christentum. Das hindert jedoch viele Naturwissenschaftler nicht daran, an den göttlichen Ursprung der Welt zu glauben.

Theologisch gilt Gott als das vollkommene Sein, an Verstand und Willen unendlich, von absoluter Heiligkeit und Güte, unveränderlich außerhalb der von ihm geschaffenen Zeit, allgegenwärtig in dem von ihm erschaffenen Raum und doch in keinem Raum zu fassen, ein Gott, allwissend, allmächtig, gerecht und barmherzig.

Gott ist der Schöpfer der Welt.

In der Religionsgeschichte treten grundsätzlich zwei Formen auf, wie sich Menschen die Entstehung der Welt vorstellen: durch die schöpferische Tat Gottes und durch ein Werden aus einem Ursein. Im Schöpfungsglauben drückt sich das Bewusstsein des Menschen aus, dass Welt und Mensch von Gott abhängig sind.

Die Schöpfung berührt jedoch ein philosophisches Problem: das Verhältnis von Sein und Nichtsein. Religionsphilosophisch ist *Sein* der inhaltsreichste Einheitsgrund, aus dem als absolutem Anfang, Ursprung und Ganzem, die Vielheit des „Seienden" hervorgeht.

Metaphysisch bedeutet Sein die absolute Beharrlichkeit, Zeitlosigkeit, im Gegensatz zu Werden, Wandel und Vergänglichkeit. Der Gegensatz zum Sein ist das *Nichts*. Die christliche Theologie lehrt die Schöpfung der Welt durch Gott aus dem Nichts. Der alttestamentliche Schöpfungsgedanke wird im Neuen Testament in der Apostelgeschichte 17, 24 f. aufgenommen: *Gott, der die Welt erschaffen hat und alles in ihr, er, der Herr über Himmel und Erde, wohnt nicht in Tempeln, die von Menschenhand gemacht sind ... Er, der allen das Leben,*

den Atem und alles gibt, hat aus einem einzigen Menschen
das ganze Menschengeschlecht erschaffen, damit es die
ganze Erde bewohne. Die Lehre von der Schöpfung
der Welt aus dem Nichts durch einen dem endlichen
Seienden überlegenen *transzendenten* (übernatürlichen)
Schöpfer ist angelegt im Alten Testament und findet
sich in voller Reinheit nur in der daraus entwickelten
jüdischen und christlichen Lehre. Biblisch ist die
Schöpfungslehre verankert in den Schöpfungsberichten
der Genesis. Ihre Erzählungen der Urgeschichte sind
weder als naturwissenschaftliche Aussagen noch als
Geschichtsdarstellung, sondern als Glaubensaussagen
über das Wesen der Welt und des Menschen und
über deren Beziehung zu Gott zu verstehen. Das Buch
Genesis verarbeitet älteste Überlieferungen Israels
und seiner Nachbarvölker über die Urgeschichte
der Menschheit und die Vorgeschichte Israels. Die
Schöpfungswerke verteilen sich in dieser Ordnung: 1.)
Licht, 2.) Firmament, 3.) trockenes Land und Pflanzen,
4.) Gestirne, 5.) Luft- und Wassertiere, 6.) Landtiere
und Menschen.

Gott hat die Welt allein durch sein Wort geschaffen,
also aus dem Nichts. Darum hat die Schöpfung
ihren Grund nicht in sich selbst, sondern in Gottes
wirkender Gegenwart. Die Erhaltung der Welt wird
als fortdauernde Schöpfung verstanden. Schöpfung
bedeutet theologisch, dass Welt und Zeit vor Gott
endlich, also begrenzt sind. Außerdem wird der Mensch
als Geschöpf Gottes von ihm mit der Verantwortung
für die Schöpfung beauftragt. An Jesus Christus ist
zu erkennen, dass Schöpfung nicht ein einmaliger

Schaffensakt ist, sondern Gottes liebende Zuwendung zur Welt.

3. GOTT ERSCHAFFT DIE MATERIE = WELT

Lob der Schöpfung

Die Himmel rühmen die
Herrlichkeit Gottes, vom Werk
seiner Hände kündet das
Firmament.

Ein Tag sagt es dem andern,
eine Nacht tut es der andern kund,
ohne Worte und ohne Reden,
unhörbar bleibt ihre Stimme.

Doch ihre Botschaft geht in die
ganze Welt hinaus, ihre Kunde
bis zu den Enden der Erde.

(aus Psalm 19)

Wenn wir sagen, der Schöpfer der Welt ist Gott, dann bedeutet das, dass der Geist Gottes alles, und zwar alles, was ist, erschaffen hat. Für diesen umfassenden Begriff gebrauchen wir den Namen *Natur.* Unter Natur versteht man allgemein den gesamten Kosmos mit seiner Materie, seinen Kräften, Veränderungen und Gesetzlichkeiten.

Geist und Materie – die Einheit für alles Erschaffene? Beide müssen wir als zwei Wirklichkeiten auffassen, die wir in Gott vereinigt sehen. Im Christentum scheint uns das Gegenüber von Gott und der Welt dualistischen Charakter zu besitzen. Die verderbte Welt kann doch nicht vom höchsten Gott geschaffen sein! Die offizielle christliche Theologie hat diesen Dualismus stets abgelehnt und sah vielmehr in Gott selbst den Baumeister der Welt.

Der Christ bekennt in seinem Glauben, dass alles, Himmel und Erde, Materielles und Geistiges, Schöpfung des einen und selben Gottes ist. Ist aber alles, was *ist*, weil es ja von Gott stammt, so bedeutet das nicht nur, dass diese *Verschiedenheit* von einer Ursache herkommt. Es ist damit auch gesagt, dass dieser Verschiedenheit eine innere Ähnlichkeit und Gemeinsamkeit zukommen und jenes *Vielfältige* und *Verschiedene* eine Einheit in Ursprung, Selbstvollzug und Bestimmung bilden, eben eine von Gott geschaffene Welt. Daraus folgt, dass es unchristlich wäre, Materie und den Geist Gottes schlechthin als unvereinbare Wirklichkeiten aufzufassen. Wenn hier von Wirklichkeiten die Rede ist, muss die Philosophie herangezogen werden. Für Immanuel Kant ist „wirklich", was sich auf das

Transzendente bezieht. Bei Kant liegt das Transzendente jenseits der Grenzen dessen, was der menschliche Geist mit seiner Erkenntnis erfassen kann.

Für eine christliche Theologie und Philosophie ist es nur selbstverständlich, dass *Geist* und *Materie* mehr Gemeinsames als Verschiedenes haben. Diese Gemeinsamkeit zeigt sich zunächst und am deutlichsten in der Einheit des Menschen selbst. Jeder Mensch ist nach christlicher Lehre nicht eine widersprüchliche oder bloß vorläufige Zusammensetzung von Geist und Materie, sondern eine Einheit, die bereits vorgegeben ist. Wie schon gesagt, sind Materie und Geist als zwei Wirklichkeiten aufzufassen, die von einer einzigen Ursache herkommen, die wir Gott nennen. Diese Gemeinsamkeit zeigt sich ebenso deutlich in der Einheit des Menschen als „Mann und Frau", die beide von vornherein aufeinander bezogen sind. In einem ähnlichen Sinn erfährt der Mensch sich und seine Umwelt als Materie, die für ihn greifbar ist. Nur der Geist gewährt dem Menschen – wenn auch beschränkt – Einblick in die kosmische Gesamtordnung.

Wie niemals zuvor wird in unserer Zeit Gott als Schöpfer der Welt von der modernen Kosmologie radikal abgelehnt, der zufolge der Schöpfer des Himmels und der Erde nicht Gott ist, sondern diese aus dem Urknall entstanden. In meinem Buch „Gott und ich" widerlege ich diese Ansicht folgendermaßen: „Wenn der Urknall mit seinem Mix aus Gaswolken, Staub und Temperaturen etc. physikalische und chemische Gesetzlichkeiten aus explodierender Materie hervorgebracht hätte, dann könnte man in der Tat alle Achtung vor ihm haben. Das hat er aber nicht. Denn: Einmal Materie bleibt immer Materie, so wie ein Berg für alle Zeit ein Berg bleibt und sich nicht als eine denkende Substanz in Wasser verwandeln kann. Was ist also Materie? Ihre Träger sind sogenannte Teilchen (z. B. Moleküle, Atome, Elektronen, Protonen, Neutronen), die als dynamische Zentren fungieren und nur einen verschwindend geringen Raum einnehmen". Hat Materie also die Fähigkeit, sich selbst zu organisieren, und hat sie etwa das periodische System der Elemente bereits im Sinn gehabt, als es diese noch gar nicht gab? Denkt die Materie sogar selbst über sich nach und hat sie womöglich ein Bewusstsein? Wäre es so, dann wäre Materie nicht nur Materie, sondern ihre Teilchen wie Atomkerne, Elektronen etc. müssten ebenso unendlich kleine Lebewesen sein, sogar ausgestattet mit einem Gehirn und einem Denkvermögen, um später einmal den Menschen erschaffen zu können. Sind *Geist* und *Materie* vielleicht ein und dasselbe? Auf solchen Blödsinn gibt es keine Antwort.

Von Bedeutung hingegen ist die Frage nach der Herkunft und Entstehung des Lebens, die Naturforscher und Philosophen seit Jahrhunderten beschäftigt. Es wird angenommen, dass das Leben auf der Erde, deren Alter auf etwa 5 bis 6 Milliarden Jahre geschätzt wird, vor etwa drei Milliarden Jahren durch *Urzeugung* entstanden ist. Nach heutigem Wissensstand ist eine natürliche Urzeugung jedoch ausgeschlossen. Über die Möglichkeiten der Erzeugung künstlichen Lebens wird zwar lebhaft diskutiert und experimentiert, jedoch ohne Erfolg. Über die Existenz von Leben auf anderen Himmelskörpern ist nichts bekannt. Die ersten Gesteinsproben vom Mond im Jahr 1969 enthielten keine Spuren organischer Substanzen, die auf eine Existenz von Lebewesen, welcher Art auch immer, hinweisen könnten.

4. Zur Welterschaffung und dem christlichen Weltverständnis

Herr, unser Herrscher,
wie gewaltig ist dein Name
auf der ganzen Erde;
über den Himmel breitest du
deine Hoheit aus.
Seh' ich den Himmel
das Werk deiner Finger,
Mond und Sterne,
die du befestigt.
Herr, unser Herrscher,
wie gewaltig ist dein Name
auf der ganzen Erde.

(Psalm 8)

Schon in früheren Zeiten war die Erschaffung der Welt für die Menschheit ein bedeutendes Thema, wie uns frühgeschichtliche Schöpfungsmythen belegen. Für viele Naturvölker war die Welterschaffung ein einfacher Schöpfungsakt; eine Krähe, eine Schildkröte oder ein alter Mann, der aus Lehm die Erde wie auch die Himmelskörper bildete. Es gab aber auch die Vorstellung von einem Hochgott, einem Schöpfer aller Dinge, sowie von einem großen Häuptling oder einem Urvater, dem die Schöpfung in ganz besonderer Weise zugeschrieben wurde. Nach orientalischen Mythen wurde die geordnete sagenhafte Welt aus dem Urstoff – der Urflut oder dem Urdunkel – geschaffen, der in ungeordneter Mischung bereits die künftigen Bauelemente enthalten habe. In ihm sei ein Weltei oder ein Meeresungeheuer entstanden. Himmel und Erde waren noch eine Einheit, neben der nur einige Götter existierten.

In der modernen Kosmologie ist der Urknall der Beginn des Universums. Er ereignete sich vor etwa 13,8 Milliarden Jahren. Der Urknall bezeichnet keine Explosion in einem bestehenden Raum, sondern ist als die gemeinsame Entstehung von Materie, Raum und Zeit aus einer ursprünglichen Singularität zu verstehen. Mit dem Begriff Urknall ist der Anfangspunkt der Entstehung von Materie und Raumzeit gemeint.

Die Urknalltheorien basieren auf zwei Grundannahmen: Die erste Annahme ist, dass die Naturgesetze universell sind und sich das Universum mit den Naturgesetzen beschreiben lässt, die heute nahe der Erde gelten. Die zweite Annahme lautet, dass das Universum universell an jedem Ort – aber nicht zu jeder Zeit – in alle Richtungen für große Entfernungen gleich aussieht. Um das gesamte Universum auf der Grundlage der uns bekannten Naturgesetze beschreiben zu können, ist die Annahme unabdingbar, dass diese Naturgesetze universell gelten. Alle bisherigen astronomischen Beobachtungen weisen auch auf eine Allgemeingültigkeit der Naturgesetze hin.

Eine überzeugende Begründung für die vielfach geäußerte Ansicht, auf zahlreichen Himmelskörpern müssten ähnliche Entwicklungen organischen Lebens zustande gekommen sein wie auf der Erde, gibt es bis heute nicht. Organische Entwicklungen niedrigster Stufe, die auf dem Mars vermutet wurden, sind nach wie vor umstritten. Künftige Untersuchungen werden möglicherweise entscheiden, ob diese, falls vorhanden, unabhängig von terrestrischem organischen Leben entstanden sind oder als Nachkommen eventuell durch Strahlungsdruck dorthin gelangter Lebenskeime von der Erde zu sehen sind.

So unbestritten die Entstehung der Naturgesetze dem sogenannten Urknall zugeschrieben wird – niemand wird jemals erfahren, wie viele derartige nicht nachweisbare Ereignisse es gegeben hat. Das ändert nichts daran, dass Gott, der die Materie erschaffen hat, somit auch den in Rede stehenden Urknall erschaffen hat.

Genesis (gr. Entstehung). Die Entstehungsgeschichte der Erde in der Bibel ist gegliedert in die Urgeschichte, von der Schöpfung bis zur Auflösung der ursprünglichen Einheit der Menschheit, (1. Mos. 1–11) und die Patriarchengeschichte (Vorgeschichte Israels als Familiengeschichte (1. Mos. 12–50).

Die theologische Bedeutung dieses Buches liegt in seinen vielen Aussagen über Gott, seinen Erzählungen der Urgeschichte und der Menschen und deren Beziehung zu Gott; wie die Erzählung von Paradies und Sündenfall, von der Sintflut, vom Bund mit Noah, von der gnadenhaften Erwählung Abrahams und seiner Nachkommen als Segensmittler für die ganze Menschheit. Jeder gläubige Mensch ist überzeugt, dass alles Handeln Gottes letztlich auf das Heil der Menschen ausgerichtet ist – auch wenn die Thodizé-Frage angesichts des Elends in der Welt immer wieder gestellt wird. Das Buch Genesis nimmt den ersten Platz in der Bibel ein. Der alttestamentliche Schöpfungsgedanke wird im Neuen Testament in der Apostelgeschichte 17, 24 aufgenommen:

Gott, der die Welt erschaffen hat und alles in ihr, er, der Herr über Himmel und Erde, wohnt nicht in Tempeln, die von Menschenhand gemacht sind. Er lässt sich auch nicht von Menschen bedienen, als brauche er etwas: Er, der allen das Leben, den Atem und alles gibt.

Die große Bedeutung des Buches Genesis liegt in seinen Aussagen über Gott als den Schöpfer der Welt und den Herrn der Geschichte. Wichtig ist dabei vor allem die Erschaffung der Welt durch das Wort Gottes, die Gottebenbildlichkeit des Menschen sowie die Versicherung, dass alles Handeln Gottes auf das Heil der Menschen ausgerichtet ist. Die biblischen

Erzählungen der Urgeschichte sind keineswegs als naturwissenschaftliche Aussagen, sondern als Glaubensaussagen über das Wesen der Welt und des Menschen und über seine Beziehung zu Gott zu verstehen. In den Schöpfungsvorstellungen der Umwelt Israels sind die Elemente des Kosmos Gottheiten und durch göttliche Zeugungen entstanden, also aus dem Eros. Im Gegensatz dazu lehrt hier die priesterliche Tradition Israels, dass alle Dinge, Pflanzen, Tiere und der Mensch durch Gottes Wort entstanden sind, aus dem Logos.

Die Lehre von der Schöpfung der Welt aus dem Nichts, wie sie durch einen dem endlich Seienden überlegenen, transzendenten Schöpfer im Alten Testament ausgelegt ist, findet sich in voller Reinheit nur in der daraus entwickelten jüdischen und christlichen Lehre.

Weltall, Kosmos, Universum; die Gesamtheit der Sterne und Sternensysteme präsentieren sich unter diesen Bezeichnungen als die Schöpfung Gottes. Um die Erkenntnis der Natur (als Sammelbegriff), ihres Wesens, ihrer Formen und Erscheinungen ist die Naturphilosophie als Vorstufe der Naturwissenschaften bis heute und sicher auch in Zukunft bemüht, mit ihren philosophischen Mitteln die Prinzipien der Natur zu erforschen und mit methodischen Beiträgen als Grundlagenwissenschaft das Rätsel „Schöpfung" zu lösen. Das Weltverständnis des Neuen Testaments ist dazu im Gegensatz nicht räumlich gedacht, sondern zeitlich: Welt ist nicht Natur, sondern Geschichte. *Im Anfang war das Wort, und das Wort war bei Gott, und das Wort war Gott. Im Anfang war es bei Gott. Alles ist durch das Wort geworden, und ohne das Wort wurde nichts, was geworden ist* (Joh.1, 1–3).

5. Der Einzug des Herrn in sein Heiligtum

Dem Herrn gehört die Erde
und was sie erfüllt,
der Erdkreis und seine Bewohner.
Denn er hat ihn auf Meere
gegründet, ihn über Ströme befestigt.

(aus Psalm 24)

Dem gesamten Naturgeschehen liegen strenge Ordnungsprinzipien zugrunde, deren Wirkungsmechanismus von Generation zu Generation immer besser verstanden wird. Die Natur kennt keine gesetzlosen Zustände. Selbst die Quantenphysik mit ihrem Eindringen in den Mikrokosmos der Atome und Moleküle, wonach sich die Elementarteilchen sogar in objektive, reine Zufälligkeiten verlieren, bestätigt alle wichtigen uns bekannten physikalischen Grundgesetze, die überall im Universum Geltung haben. Urknall und Evolution sind in der Kosmologie und als Grundprinzip der biologischen Entwicklung nicht mehr wegzudenkende Erkenntnisse. Chaos und Zufall spielen als allerletzte Erklärungsgrundlage für eine Weltentstehungslehre hingegen keine essenzielle Rolle mehr. Aufgegeben haben hingegen viele Naturwissenschaftler das Denkmodell eines Schöpfergottes. Den Menschen wird suggeriert, dass die alten Vorstellungen von Gott, der sich in rührender väterlicher Liebe um seine Schöpfung kümmert, in den modernen Wissenschaften keinen Platz mehr haben und Religion – vor allem die christliche – nicht mehr dem Zeitgeist entspricht.

Eines aber bleibt unbestritten: Auf Naturgesetze ist immer Verlass. Wie gut ist es doch, die Gewissheit zu haben, dass beispielsweise Chemikalien unter genau definierbaren Bedingungen so miteinander reagieren, dass daraus für uns nützliche Werkstoffe oder Medikamente entstehen können, so oft und in solchen Mengen, wie immer wir es für nötig halten. Ohne

Gesetzmäßigkeiten würde es kein Naturgeschehen und folglich auch keine Naturwissenschaften geben. Doch von allen Lebewesen sind wir Menschen die einzigen, die diese Gesetzmäßigkeiten verstehen können – vorausgesetzt, wir wollen es! Wenn heute die Theologie und die Naturwissenschaften nicht mehr um das jeweils bessere Weltverständnis rittern, dann deshalb, weil die Einsicht längst Platz gegriffen hat, dass mit Zahlen und Formeln allein die letzte Ursache für die Existenz unserer Welt nicht ergründbar ist.

Mögen Religion und Naturwissenschaft verschiedene Wege gehen, so werden beide sich letztlich immer wieder an derselben Barriere einfinden, die vom menschlichen Geist nicht überschritten werden kann. Es ist nicht Sache der Theologie, Welterklärungstheorien aufzustellen. Aufgabe der Religion wird es bleiben, den Gottesbezug an der Schöpfung zu reflektieren und seine Kausalität für das Dasein jeder Generation immer besser begreifbar zu machen.

In unserem Bemühen, Gott zu „charakterisieren", verwenden wir gerne den Begriff *gut,* so wie wir seine Schöpfung insgesamt als gut preisen. *„Gott sah alles an, was er gemacht hatte: Es war sehr gut."* Gott aber ruhte am siebenten Tag, den er für heilig erklärte, nachdem er das ganze Werk der Schöpfung vollendet hatte. *Ordnung* ist das Wesensprinzip der Materie, sowohl der belebten als auch der unbelebten Natur. Als Teil der Natur ist deshalb auch der Mensch in seiner Wesenheit als Körper und Geist *gut.* Der Mensch ist aber zugleich das einzige Lebewesen, das sich mittels seiner geistigen Kräfte aus seiner Einbindung in das Netzwerk des

Naturgeschehens herauszulösen vermag. Damit erschließt sich ihm eine Dimension, die in der Natur sonst nirgends anzutreffen ist. Diese Sonderstellung versetzt den Menschen in die Lage, die die Frage nach einem Absoluten, eben nach Gott, impliziert.

Als Konsequenz seiner Gotteserfahrung und der gewonnenen Einsicht, in der Unendlichkeit des Universums nicht auf sich alleingestellt zu sein, ist der Mensch sogar bereit, sein Leben nicht mehr nach bloßen Nützlichkeitserwägungen zugunsten seiner Person auszurichten. Hilfsbereitschaft, Nächstenliebe, Barmherzigkeit, Güte sind zwar als Grundprinzipien der Schöpfung Gottes in der Natur angelegt, aber nur dem beseelten Wesen als aktives Handeln gegeben. Diese menschlichen Grundeigenschaften sind aus christlicher Sicht Manifestationen der Liebe im Vollzug der Gebote Gottes und der Lehre von Jesus Christus, gültig für alle Menschen unabhängig ihrer religiösen Bekenntnisse. Als ein Schriftgelehrter Jesus nach dem Bedeutendsten aller Gebote gefragt hatte, wurde ihm zur Antwort gegeben: *Du sollst den Herrn, deinen Gott, lieben mit ganzen Herzen und ganzer Seele, mit all deinen Gedanken und all deiner Kraft. Als Zweites kommt hinzu: Du sollst deinen Nächsten lieben wie dich selbst. Kein anderes Gebot ist größer als die beiden"* (Mk. 12, 28–31).

Ja, unsere schöne, schöne Welt! In der Schöpfung und in ihren Naturgesetzen ist die Allmacht Gottes konkret geworden. Entwicklung, Entfaltung, Tod – Werden und Vergehen – sind die Triebkräfte der Natur. Allerdings kann die von Gott erschaffene Welt ihre

Sinnhaftigkeit nicht aus sich selbst heraus erkennen, weshalb ihr Gut und Böse und damit auch das Leid unbekannt sind. Wer oder was sollte denn in einem menschenleeren Universum in diesem Sinn auch „leiden"? – Explodierende Sterne etwa oder das Sterben von Galaxien und ihr Verschwinden in schwarzen Löchern? Vielleicht Berge, Flüsse, Seen und Meere, blühende Wiesen, dichte Wälder, weidende Tierherden, Wüsten und Mondlandschaften?

Nur Menschen preisen die Schönheiten der Natur in Gedichten und Hymnen, da es ihnen alleine gegeben ist, in der Schöpfung ein sinnerfülltes Geschenk Gottes zu erkennen. Ohne menschliche Betrachtungsweise wäre es absolut nebensächlich, ob sich ein Planet als blühender Garten präsentiert oder in einem Zustand totaler Verödung. Ohne den Menschen wären Gold, Silber und Diamanten nicht wertvoller als ein Schlammklumpen. Die vom Menschen geschaffenen Wertsysteme hätten für die Schöpfung naturgemäß keine Gültigkeit, weswegen es für sie völlig bedeutungslos wäre, ob Pflanzen und Tiere heranwachsen oder aussterben. Gott hat mit seiner Schöpfung der Natur auf den Menschen Bezug genommen, denn die Liebe Gottes zu uns Menschen ist ohne Grenzen.

Danke, danke, lieber Gott!

6. Die Göttlichkeit des Menschen

Jeder Mensch wird von Gott
als Heiligtum erschaffen.

Um seine Heiligkeit muss hingegen
der Mensch sich selbst bemühen.

E. Bamberger

Wer am frühen Morgen die Zeitungen aufschlägt, sollte schon vorher gefrühstückt haben, um sich Gemüt und Magen an einem neuen Tag nicht gleich zu verderben. Worüber da alles berichtet wird: Bluttaten, Gewaltanwendungen jeder Art, Betrügereien, Schilderungen der neuesten sexuellen Vorkommnisse und vieles, vieles mehr. Jeder, der auch nur einigermaßen religiös ist, müsste erst einmal tief Atem holen und dann darüber nachzudenken beginnen, was menschliches Leben in einer Welt der Grausamkeiten mit Göttlichkeit eigentlich zu tun hat. Eine Antwort gibt uns jedenfalls der Psalm 139, wie wir uns Gott gegenüber zu verhalten hätten. Im christlichen Glauben ist Seele der dem einzelnen Menschen von Gott unmittelbar zu eigen gegebene Grund des Lebens, aus dem seine Integrität als Person entsteht. In der Psychologie sucht man den Seelenbegriff möglichst auszuklammern, weil er auf unbeweisbaren Voraussetzungen beruht. Und so definiert man Psychologie als Wissenschaft, um den Seelenbegriff auf wissenschaftlicher Basis einzuführen. Heute geht die Hirnforschung davon aus, dass alle neuralen Prozesse alleine den Naturgesetzen gehorchen.

Nach Auffassung der christlichen Religion war zu allen Zeiten der Mensch von sich aus nicht in der Lage, sich selbst zu verstehen, weswegen er schon seit Beginn der geschichtlich erfassbaren Zeit versucht hat, sich über die Gottheit oder über ein anderes Transzendentes zu begreifen. Die Frage nach seiner Herkunft, die Auslotung seines Wesens und seiner Bestimmung waren und sind bedeutende Elemente der christlichen Religion. Die Bibel enthält, ihrer Geschichte entsprechend, verschiedene Vorstellungen vom Menschen. Trotzdem lässt sich eine Einheit des biblischen Menschenverständnisses feststellen: Der Mensch ist als Leib vergänglich, jedoch in seiner Zugehörigkeit zu Gott unvergänglich.

In der Psychologie wird der Seelenbegriff möglichst ausgeklammert, weil er auf unbeweisbaren Voraussetzungen beruht. Die Psychologie definiert sich vielmehr als Wissenschaft von den „Bewusstseinserscheinungen" oder vom Verhalten. Seele und Willensfreiheit in einem metaphysischen Sinn sind für die Wissenschaft nicht existent. Wo aber keine Willensfreiheit, da gibt es keine Sünde, kein Bereuen, keine persönliche oder moralische Verantwortung; eine Argumentationskette, die bis zur Leugnung jeder Wertordnung fortgeführt werden kann und letztlich in der totalen Verneinung des christlichen Weltbildes ihr Ende findet. Alle Formen der Seele haben Selbstbewusstsein.

Der Atheismus als Gesellschaftslehre unserer Zeit ist viel mehr als bloße Religionslosigkeit. Der Leugnung Gottes und einer göttlichen Weltordnung steht heute eine absolute Wissenschaftsgläubigkeit gegenüber, die jede Gottesvorstellung ausschließt. Damit verbunden ist der Verlust aller Wert- und Sinnsetzungen, eine Entwertung aller Werte (Nietzsche). So können in letzter Konsequenz und im extremen Fall Ideologien entstehen, die darauf hinzielen, individuellen und kollektiven Terror zu generieren, und wegen des Verfalls jeglicher Sittlichkeit gesellschaftszerstörende Potenziale entwickeln, die den Weg für Kriminalität und für organisierte Verbrechen jeglicher Art freimachen.

Fazit dieses Unglaubens: Die Zeiten sind vorbei, als Philosophen noch davon träumten, sittliches Handeln allein der vernunftbegabten Natur des Menschen überantworten zu können, um damit ein Gegengewicht zu einem theistischen Weltbild aufzustellen. Die Vorstellung, der Vernunft des Menschen mehr zuzutrauen als Gott mit seinen Geboten, ist gescheitert. Heute sind es die von einer säkularisierten Gesellschaft in Gang gesetzten zivilisatorischen und kulturellen Prozesse, die das natürliche Moralbewusstsein aufweichen und damit eine statische, unverrückbare Moral – den Dekalog – infrage stellen wollen. Das erklärte Ziel: Dem Fortschritt der Zeit entsprechend soll das moralische Empfinden des Menschen sich nur mehr an den jeweiligen Tendenzen des gesellschaftlichen Lebens und seinen Wertmaßstäben orientieren. Die Frage nach der Gottesebenbildlichkeit führt zwangsläufig zum spirituellen Kern unseres Mensch-seins – zur *Seele*.

Leib, Psyche und Geist sind wegen ihrer materiellen Natur dem Tod und damit der endgültigen Vernichtung preisgegeben. Doch die dem Menschen am Beginn seines Lebens von Gott eingehauchte Seele, in die einmal sein ganzes Leben, seine Persönlichkeit und Einmaligkeit eingeschlossen sein werden, ist ihrer göttlichen Herkunft zufolge unsterblich, um nach dem Tod des Menschen als sein *transzendentales Ich* in die Ewigkeit Gottes hineingenommen zu werden.

Die Seele kann sich aufgrund ihrer Immaterialität im Lauf des Lebens nicht weiterentwickeln, entfalten oder gar verändern. So ist die Seele eines Säuglings nicht etwa kleiner oder unfertiger als jene eines reifen Menschen. Seele ist auch kein Luftballon, der sich durch Lebenserfahrungen oder durch besondere Leistungen von selber aufbläst. Der „Hauch Gottes" lässt sich nicht messen oder nach Größe und Gewicht klassifizieren. Auch einen Sitz der Seele im Gehirn oder sonst irgendwo wird man vergeblich suchen. Als Anteil am Göttlichen ist Seele in allen Menschen in gleichem Maß gegenwärtig – ob Menschen gut oder böse, gesund oder krank, genial oder geistig schwer behindert sein mögen.

So ist es die Seele, die dem Menschen die Gotteskindschaft schenkt. Erstaunlich dagegen ist, dass selbst in unserer aufgeklärten Zeit immer noch der Irrtum weit verbreitet ist, die Seele wäre mit unserer *Psyche* identisch! – Die Seele des Menschen ist sein transzendentales Ich, seine göttliche Natur, die ihn über ein rein biologisches Wesen hinaushebt. Es ist die Seele, die dem Menschen Unsterblichkeit verleiht und in der Verschränkung seiner *beiden Naturen*, erst die Ganzheit des Menschen stiftet. Die Seele ist der Schlüssel zu Gott, aber kein Steuerungsorgan von Bewusstseinsvorgängen. Insofern kann sie auch nicht lokalisiert werden, weder im Großhirn noch im Kleinhirn noch irgendwo sonst.

Ohne Seele wäre der Mensch eine Kreatur mit Geist und großem Denkvermögen. Um Wissenschaft zu betreiben, bedarf es keiner Seele, auch nicht, um Musik zu komponieren, Theaterstücke oder Bücher zu schreiben. Seele kann sich aufgrund ihrer Immaterialität auch nicht entwickeln. Körper, Geist und Psyche sind dem Tod verfallen, die Seele ist nicht sterblich. In unserer Seele verbirgt sich unser göttliches Ich, das in der Ewigkeit und in der Liebe Gottes beheimatet ist, als ein personales Geheimnis zwischen dem Schöpfer und seinem Geschöpf. Die Beziehung eines Christen zu Gott wird immer eine ganz persönliche sein müssen. Diese Beziehung ist im Leben und Sterben von Jesus Christus vorgebildet und durch das Evangelium und die Glaubenszeugnisse der Apostel wie auch der jungen Kirche eindrucksvoll bestätigt.

7. Frage sucht Antwort: die Realität

Herr, ich suche Zuflucht bei dir.
Lass mich doch niemals scheitern;
rette mich in deiner Gerechtigkeit!
Wende dein Ohr mir zu, erlöse
mich bald! Sei mir ein
schützender Fels, eine feste
Burg, die mich rettet.

(aus Psalm 31)

Gott? – Natürlich gibt es ihn! – Und was ist, wenn es ihn nicht gibt? – Warum sollte es ihn nicht geben? – Wer kann das schon wissen …

Irgendwann stellen wir uns Fragen wie diese. Sich für oder gegen Gott zu entscheiden, hängt meistens davon ab, in welcher Situation Menschen sich gerade befinden, oft dann, wenn es wieder einmal darum geht, Krisen zu überwinden. – Sind wir ehrlich: Unser Glaube an Gott kann mehr als einmal im Leben auf wackeligen Beinen stehen, selbst, wenn wir gestandene Christen sind – oder einmal waren – und viele Jahre sonntags die heilige Messe besucht haben. Ein Weg aus der schleichenden Beliebigkeit wäre, sämtliche Gründe aufzuzählen, warum unser religiöses Leben – sogar für uns überraschend – sich so stark verändert hat. Ja, es ist jammerschade, ein christliches Leben – aus welchem Grund auch immer – aufzugeben. Trotzdem, wie man weiß, kann es passieren.

Ach, unsere schöne, schöne Welt! Was diese für uns doch alles bereithalten kann: so viel Gutes – leider aber auch viel Übles. Eigentlich sind es zwei Welten, denen wir erbarmungslos ausgeliefert sind und mit denen wir uns zu arrangieren haben.

Da gibt es die Welt Nr. 1, die uns ordentlich zu schaffen macht. Diese Welt ist unsere Innenwelt, auch Innerlichkeit benannt. Diese ist zuständig für unsere Gefühle, unsere Stimmungen, Gesinnungen und Erinnerungen. Das aber ist noch lange nicht alles. Letztlich sind es die Geschehnisse, die in unserer Umwelt ablaufen und uns ungewollt das Seelische und Religiöse zeigen möchten. Sie weisen uns den Weg, wie wir mit unseren Schicksalen zurechtkommen können und helfen uns, richtige Entscheidungen zu treffen – wie wir das im guten Glauben meinen.

Dann die Welt Nr. 2, die Außenwelt. Pardon, ich meine nicht die „philosophische Außenwelt" als Gesamtheit, die sich uns in Raum und Zeit darstellt und zu unserem Inneren einen Gegensatz bildet. – Nein, an diese denke ich nicht. Ich meine jene Außenwelt, die quasi vor unserer Haustür liegt und nicht viel Philosophie benötigt. Diese Außenwelt ist alles das, was außerhalb unseres Körpers zu finden ist und auch dort wahrgenommen werden kann. In diesem Sinne heißt „Außenwelt", was außerhalb unseres Bewusstseins ist und unserem denkenden **Ich** gegenübersteht.

Aber es gibt noch eine Welt, nämlich eine jenseitige, transzendente, weil wir spüren, dass es etwas geben muss, das Zeitliches und sinnlich Erfassbares übersteigen kann; eben eine dritte Welt, aber auch eine zweite Wirklichkeit – eben die Welt Gottes.

Der Mensch, der sich gerne als das Maß aller Dinge fühlt und begreift, ist zwar bereit, sich den Fragen nach Gott und dem Sinn seines Daseins immer aufs Neue zu stellen. Doch nur Fragen zu stellen und keine Antworten zu erhalten, ist gerade nicht Sache derjenigen, die um ihr Christsein bemüht sind. Je besser ein Mensch die Sprache Gottes zu verstehen beginnt, desto mehr wird er bereit sein, seine **Ichbezogenheit** zurückzunehmen.

In dem Spannungsfeld **Gott-Mensch** wächst eine nie enden wollende Aufgabe heran, die sich nicht allein in einem unverbindlichen Gedankenspiel erschöpft, sondern einschneidende Konsequenzen nach sich ziehen kann. So steht jeder Mensch vor der Aufgabe, seine Entscheidungen zwischen den Welten zu treffen, so es in ihm liegt, welcher der Welten er den Vorzug gibt; dementsprechend wird er sein Leben gestalten, letztlich bis zu seinem Tod.

Jeder, der sein Christsein ernst nimmt, wird viele Antworten parat haben, von denen er glaubt, seine Christlichkeit damit untermauern zu können. Ein Christ, das ist jemand, der an Sonn- und Feiertagen mit einer gewissen Regelmäßigkeit zum Gottesdienst geht, der die Gebote Gottes einigermaßen hält, der sich sogar in der Kirche engagiert, an ein Jenseits glaubt, seinen Kirchenbeitrag pünktlich bezahlt, der für gute Zwecke spendet und nach seinem Tod auf die Liebe, Gerechtigkeit und Barmherzigkeit Gottes hofft. Alles richtig oder doch nicht genug? Kann es vielleicht sein, dass wir im Umgang mit unserer Mitwelt auf Ungereimtheiten stoßen, die mit dem Liebesgebot Jesu Christi absolut unvereinbar sind?

„Liebe deinen Nächsten wie dich selbst." Diese Liebeserklärung – das große Thema der *Frohen Botschaft* – wird wohl nie an Bedeutung für die Menschheit verlieren. Liebe ist der Grundbegriff der Ethik Jesu. Das Wesen des Christentums kann zusammengefasst werden in den Begriffen: Glaube, Hoffnung, Liebe, wobei die Liebe das Höchste ist (1. Kor. 13, 13). Für die Lehre Jesu ist wohl die Idee grundlegend, dass

Gott der Vater der Menschen ist. Weil Gott sein Heil bedingungslos schenkt, soll auch der Mensch ohne Vorbehalt Liebe erweisen. Und weil Gott alle Menschen liebt, schließt das Liebesgebot selbst den Feind ein (Mt. 5, 38–48).

Mit der Erschaffung des Menschen nach Gottes Ebenbild war das Schöpfungswerk beendet (Genesis 1, 26–29). Der Mensch ist nicht das Produkt der Natur, sondern der von Gott in die Welt gesetzte Partner Gottes. Als Ebenbild Gottes nimmt der Mensch Anteil an der Herrschaft Gottes über die Welt (Genesis 1, 1–2, 4a).

8. Himmelsmacht Liebe

Der Herr ist mein Hirte,
nichts wird mir fehlen.
Er lässt mich lagern auf grünen
Auen und führt mich zum
Ruheplatz am Wasser.
Er stillt mein Verlangen,
er leitet mich auf rechten Pfaden,
treu seinem Namen.

(aus Psalm 23)

Du armer Urknall. Nach den Vorstellungen der modernen Kosmologie warst du der singuläre Anfangszustand einer unendlichen Materiedichte am Anfang der Entwicklung des Kosmos. Nicht nur, dass es schon lange vor dir im Weltraum ähnliche Zustände gegeben hat – sagen die Kosmologen –, die dir ähnlich den Raum mit Materie sehr hoher Dichte und Temperatur erfüllt haben. Sei nicht traurig. Der liebe Gott wird es dir sicher gesagt haben, so wie er es auch allen anderen deiner Kollegen gesagt hat. Verzeihung – ihr alle seid ja bloß Materie … Spaß beiseite; denn alles, was Gott erschaffen hat, um das kümmert er sich auch, da seine Macht die Liebe ist, das Glanzlicht der gesamten Schöpfung. Gott ist ja der Schöpfer alles Lebendigen, vor allem von uns Menschen, was auch den Tieren zugutekommen sollte. Hätten Tiere keine Liebe, würde es sie nicht geben. Die Sorge der Tiereltern um ihre Jungen ist ja hingehend bekannt. Interessant ist, dass die Wissenschaft sogar die Tierpsychologie von der Humanpsychologie ableitet. Besonders die höheren Tiere hätten demnach gleiche oder zumindest ähnliche Erlebnisse wie der Mensch. Wie sollte man dem Todesschrei des Hasen den Schmerz oder dem begrüßenden, schwanzwedelnden Hund die Freude absprechen? Der liebe Gott hat eben dafür vorgesorgt, dass die von ihm erschaffenen Geschöpfe die Möglichkeit haben, sich zu vermehren und ihr Leben auszukosten, so wie Gott dies vorgesehen hat.

Während das Dasein des Tiers naturbestimmt ist, hat der Mensch eine Bestimmung, die zu erfüllen ihm selbst anheimgestellt ist. Dabei ist der Mensch aber niemals ein rein geistiges Wesen, das von den letzten Bestimmungen seines Geistes getragen wird, weil er mit seinem Bewusstsein Stellung zu sich selbst nehmen kann.

Das im Aufbau der Welt einmalige Sonderwesen Mensch mit Leib, Seele und Geist macht ihn ebenso zu einem gesellschaftsbezogenen Wesen und in dieser Ganzheit nach Auffassung der christlichen Religion zu einem Abbild Gottes.

Schon seit Beginn der geschichtlich erfassbaren Zeit hat der Mensch versucht, sich über eine Gottheit oder über ein anderes Transzendentes zu begreifen. Erst die Bibel bringt ein einheitliches Verständnis vom Menschen: Der Mensch ist als Leib vergänglich und in seiner Zugehörigkeit zu Gott unvergänglich. Menschenwürde und Verantwortlichkeit sind in der Begegnung mit Gott begründet. Die Liebe wurde den Menschen von Gott eingesetzt.

Was Liebe ist? – Na ja, da sind sich die Menschen bis heute nicht ganz einig. Denn Liebe ist ein Sammelbegriff einer Vielfalt menschlicher Gefühlsbindungen. Liebe wird erlebt als ein die eigenen Belange überschreitendes Hinstreben nach wirklicher oder ideeller Vereinigung mit dem „Gegenstand", welcher Art auch immer. In der Geschlechtsliebe äußert sich dies als das Ergreifen und das Ergriffenwerden von der Person des geliebten Menschen in geistiger, seelischer und sinnlich-leiblicher Form, während es in der Religion um die Liebe unter den Menschen geht. Nicht Liebe zu Gegenständen ist hier gemeint, sondern nur die personenbezogene Liebe, weil Liebe ein göttliches Geschenk an den Menschen ist; denn die Liebe Gottes ist ausgegossen in unsere Herzen durch den Heiligen Geist, der uns gegeben ist (Röm. 5, 5). Sie ist noch über Glauben und Hoffnung hinaus die höchste menschliche Möglichkeit (1. Kor. 13). Und weil Gott alle Menschen liebt, schließt das Liebesgebot selbst den Feind ein (Matth. 38–48).

Ja, die Liebe ist in der Tat eine Himmelsmacht, und doch fragen sich viele Menschen, was Liebe wirklich ist, weil diese mit dem Geschenk Gottes nicht viel anzufangen wissen. Liebe ist nämlich nichts Materielles, sondern etwas Geistiges, das allerdings dann in „Materie etwas anderer Art" umgesetzt werden sollte. Dass Liebe empfangen schöner und angenehmer ist, als Liebe zu geben, damit dürften wohl alle einverstanden sein; aber diese Art von Liebe kann nicht die Himmelsmacht sein, wie sich diese der liebe Gott von uns Menschen erwartet. Unsere personenbezogene Liebe besteht in der Regel als Geschlechtsliebe zwischen Partnern und in Form der verwandtschaftlichen Liebe als Elternliebe (besonders Mutter-Kindes- oder Geschwisterliebe). Dann, wenn sich der Kreis der Bezugspersonen erweitert, geht die konkrete personale Beziehung in eine abstrakte Liebe über.

Der Aberglaube, Menschen durch Drogen, Getränke oder Gegenstände zur Liebe bewegen zu können, war in früheren Zeiten in allen Völkern präsent – was bei Gott nicht heißt, die Gegenwart wäre besser, in mancher Hinsicht vielleicht sogar brutaler. Man bediente sich der verschiedenartigsten Mittel der Hexerei, wie Liebesträngen und Zauberformeln. Mögen diese Methoden zumindest in Europa weitgehend Geschichte sein, der Drang nach Liebe war und ist zu allen Zeiten für das Leben der Menschen von zentraler Bedeutung.

Ich liebe dich! – Ein Satz, der so viel in sich birgt. Ausgesprochen ist er bald, doch was alles dahintersteht, ist gar nicht so einfach zu verstehen, geschweige denn einzuhalten.

Als Bausteine der Liebe stehen Vertrauen und Treue an erster Stelle. *Vertrauen* ist die Einstellung, einem anderen zu trauen, das heißt, von ihm nichts Böses zu erwarten; sodann die Geneigtheit, ihn für charakterlich zuverlässig zu halten, sodass seinen Worten und namentlich seinen Versprechungen Glauben zu schenken sei. So gibt es ein ursprüngliches Vertrauen, z. B. im Verhältnis des Kindes zu seiner Mutter. *Vertrauen* ist eine der Grundlagen gemeinschaftlicher Verbundenheit: in Familie, Ehe, Freundschaft, Liebe. Als menschlich-ethische Komponente wird Vertrauen auch dort gefordert, wo im Übrigen Zwecküberlegungen vorherrschen, im Berufsleben und im Wirtschaftsleben (Vertrauenskrise).

Der Baustein *Treue* ist eine feste Haltung in einer eingegangenen Bindung, auf die der andere vertrauen kann. Der Sinn der Treue besteht darin, dass die Loyalität zum anderen nicht um eigener Vorteile willen preisgegeben wird. Das Christentum sieht die Treue zwischen Menschen begründet in der Treue Gottes zum Menschen: Liebe steht hier nicht für das Gefühl, sondern für die Tat.

Die Wirklichkeit auf Erden hat zur Liebe oft eine wesentlich andere Einstellung. In allen Generationen ist Selbstliebe Selbstverständlichkeit. Es wäre sinnlos, auch nur ein Wort über eine solche Liebeseinstellung zu verlieren, da sie auf Anerkennung und Verzeihung verzichtet.

In einem Kloster im Süden Deutschlands – ich glaube, es war ein Kapuzinerkloster – habe ich in meiner Jugendzeit Folgendes erfahren: Zu einem Klosterbruder, der beauftragt war, Essen an Bedürftige zu verteilen, kam ein Mann mit einem Teller Suppe und beklagte sich, diese Mahlzeit wäre ihm nicht gut genug. Er nahm den Teller und schüttete ihn vor den Füßen des Bruders aus. Der Klosterbruder schaute ihn freundlich an und sagte: Weißt du, ich werde dir etwas Besseres bringen. Sprach's und tat es.

Wie und was würde die Leserin oder der Leser dieser Zeilen sich denken und tun, wenn sie oder er in eine ähnliche Situation geraten würde?

9. Der grosse Sprung in die Ewigkeit Gottes

Lobe den Herrn, meine Seele
und vergiss nicht, was er dir
Gutes getan hat; der dir all
deine Schuld vergibt, und all
deine Gebrechen heilt, der
dein Leben vor dem Untergang
rettet und dich mit Huld
und Erbarmen krönt.
Der Herr ist barmherzig und gnädig,
langmütig und reich an Güte.
Er handelt an uns und nicht nach
unseren Sünden und vergilt
uns nicht nach unserer Schuld.

(Psalm 103)

Menschen können diese Worte hundertmal und noch öfter lesen und auch verstehen, doch was nutzt es, wenn diese Worte auf Papier stehen bleiben und nicht den Weg in ihre Herzen finden? Das geschieht immer dann, wenn der Mensch meint, *er* wäre das Maß aller Dinge.

Schon in grauer Vorzeit hat *Protagoras*, ein griechischer Philosoph, der im 4. vorchristlichen Jahrhundert in ganz Griechenland – besonders in Athen – lehrend herumreiste, den Menschen zum Maß aller Dinge erhoben. Er wurde deshalb wegen Gottlosigkeit angeklagt und verurteilt. Er entfloh und ertrank bei einem Schiffbruch.

Seine These gibt einen Einblick in die Lehre, dass Erkenntnisse und Werte, die ebenso die Religion und Moral betreffen, nicht absolut sind, sondern nur relativ zu bestimmten Bezugspunkten gelten. Dies, weil es nicht das dem Denken zugängliche *eine Sein* gibt, sondern alles genau das ist, als was es jeweils dem Einzelnen erscheint.

Bis heute und wahrscheinlich, solange es Menschen auf Erden gibt, werden die Worte des Griechen ihre Gültigkeit beibehalten. Trotz allem ist zu dieser Situation zu sagen, dass zu allen Zeiten viele Menschen Gott in die Mitte ihres Lebens gestellt haben sowie auch der Gottlosigkeit tapfer entgegengetreten sind.

An der Spitze der religiösen Menschen stehen die Heiligen. Erfreulich ist, dass es bei Weitem mehr heiligmäßig lebende Menschen gibt, als jene, die von der Kirche selig- oder heiliggesprochen wurden.

Nun zur Gegenseite: „Erkenne dich selbst", stand in der Vorhalle der Cella des Apollotempels in Delphi zu lesen. Auf seine Art wirkt dieser Mahnspruch heute noch auf uns. Nur, ganz so einfach ist es auch in unserer „aufgeklärten" Zeit nicht, sich selbst kennenzulernen. Das merken wir, wenn wir bei uns selbst anklopfen, um einmal nachzuschauen, was für uns wichtig im Leben ist. Dann können wir sogar in Verlegenheit geraten, denn meist wollen wir ja nichts anderes, als herauszufinden, was gut für *uns* ist, was uns wohltäte. Und dazu fällt uns auch manches ein, wovon wir schon lange träumen. Etwa uns eine Auszeit zu gönnen und uns den vielen Annehmlichkeiten, die die Welt uns anbietet, hinzugeben, die unserem Körper zu neuem Schwung verhelfen sollen. Allerdings, wer in solchen Zeiten an Gott zu denken vergisst und fasziniert ist von seinem eigenen Weg, kann ganz leicht die von Gott in seinen Geboten gesetzten Markierungen übersehen.

Dem Menschen ist von Natur aus nicht gegeben, bei seinen Entscheidungen und Handlungen das ganze Ausmaß seiner Sündhaftigkeit und Schuld immer klar und in voller Tragweite vor Augen zu haben. Dennoch verfügt er über ein moralisches System, das im Lauf seines Lebens aus Erfahrung, Verantwortungsbewusstsein, aus seiner Sozialisation und Urteilsfähigkeit herangewachsen ist. Christen bezeichnen dieses zusammenfassend als *Gewissen*. Es kann dem Menschen helfen, sein Denken und Handeln an den Wertmaßstäben der Religion auszurichten, und, je nach Gläubigkeit, die für ihn notwendig erscheinenden Konsequenzen zu ziehen.

Wir können vielleicht ahnen, was den Menschen in ihrer Geschichte alles an Elend und Leid erspart geblieben wäre, hätte die Welt dem Gebot der Nächstenliebe jene Beachtung geschenkt, wie das Zusammenleben der Menschen von Jesus Christus gemeint war. Als Ebenbild Gottes, als das wir geschaffen sind, hätten wir jedenfalls die hierfür erforderlichen geistigen und biologischen Anlagen gehabt, um mit unseren Mitmenschen verständnisvoller und barmherziger umzugehen.

In einer säkularen Lebenswelt ist der Weg, den Gott für den Menschen vorgesehen hat, heute für viele bedeutungslos geworden. Als ein jüdischer Schriftgelehrter an Jesus herantrat und von ihm wissen wollte, welches von den 613 Geboten (die es für strenggläubige Juden auch heute noch zu beachten gibt) das allerwichtigste wäre, gab ihm dieser zur Antwort: *Höre, Israel, der Herr, unser Gott, ist der einzige Herr. Darum sollst du den Herrn, deinen Gott, lieben mit ganzem Herzen und all deiner Kraft. Als Zweites kommt hinzu: Du sollst deinen Nächsten lieben wie dich selbst. Kein anderes Gebot ist größer als die beiden* (Markus 12, 29–31).

Unser Tod und unser Glaube an die Auferstehung

In materialistischer Sicht ist der Tod ein Schlusspunkt eines einmaligen, nun abgelaufenen biologischen Prozesses. Der Philosoph Karl Jaspers (1883–1969) sah hingegen den Tod als Grenzsituation, in der sich die Transzendenz öffnet.

In der christlichen Religion gilt der Tod als der

„Sünde Sold" (Röm. 6, 23), denn der Lohn der Sünde ist der Tod, die Gabe Gottes aber ist das ewige Leben in Christus Jesus, unserem Herrn.

Die Auferstehung Christi ist die grundlegende Aussage des christlichen Glaubens. Das Neue Testament berichtet, dass der am Kreuz Gestorbene nach seinem Tod den verzagten Jüngern leibhaftig erschien und sie zu seinen Zeugen und zu Boten seines Reiches bestellte (Mark. 16; Luk. 23; Joh. 20). Die Auferstehung Christi ist der Inhalt der neutestamentlichen Verkündigung. Zugleich gründet darin die Hoffnung der Christen auf ihre eigene Auferstehung. Die Auferstehung Christi ist nach katholischer Auffassung der Beginn der Verherrlichung Christi und der grundlegende Beweis für die Wahrheit des Christentums.

Tod und Auferstehung kann nur verstehen, wer beide als Einheit sieht. Der zeitliche Abstand zwischen beiden Ereignissen ist unerheblich. Wenn wir die Sache so betrachten, müssen wir sagen: Die vom Wesen des Menschen her erreichbare transzendentale Erwartungserfahrung der eigenen Auferstehung ist die religiöse Vorstellung, dass wir Menschen am Ende der Zeiten mit Leib und Seele aus dem Grab auferstehen. Danach darf der Mensch nicht nur mit einer geistig-persönlichen Fortexistenz über den Tod hinaus rechnen, sondern auch auf eine harmonische Vollendung seiner Gesamtexistenz in der Einheit von Leib, Seele und Geist hoffen. Für das Christentum ist die Auferstehung der Toten Gegenstand der christlichen Hoffnung nach

1. Kor. 15, 20: *Nun aber ist Christus von den Toten auferweckt worden als der Erste der Entschlafenen. Da nämlich durch einen Menschen der Tod gekommen ist, kommt durch einen Menschen auch die Auferstehung der Toten. Denn wie in Adam alle sterben, so werden in Christus alle lebendig gemacht werden.*

Leben – Tod –Auferstehung: Diese Dreiheit ist die Basis unseres Glaubens. Dennoch gibt es viele Christen, die trotz ihres Glaubens an Gott und Jesus Christus der Meinung sind, dass mit dem Tod alles aus wäre. Allen Zweifelnden sei geraten, ihren Pessimismus zur Seite zu schieben. Gott, unser aller Herr, ist ein „persönlicher Gott". Für uns Menschen bedeutet das, dass es seiner Allmacht und Barmherzigkeit obliegt, alle Menschen, die guten Willens sind, nach dem Tod in seine Dreieinigkeit hineinzunehmen.

So wie Jesus sich durch seine Menschwerdung ganz auf die Erde eingelassen hat, so können wir alle uns auf *Deinen Himmel einlassen, großer, ewiger Vater.*

Der gottlose Mensch und sein Weltbild

Seit eh und je leugnet der atheistische Mensch einen Schöpfergott und jegliche Gottesvorstellungen und ist überzeugt, dass die menschliche Existenz von der Gottesfrage nicht berührt wird. Aus diesem Grund bekämpft er alle Religionen als schädliche Verirrungen.

Aus dieser Einstellung entstand gegen Ende des 17. Jahrhunderts bis herauf in unsere Zeit das Bestreben dutzender Philosophen unter der Bezeichnung „Aufklärung", sich das Ziel einer organisierten Gottlosigkeit zu setzen.

„Die Wurzel für den Menschen ist der Mensch selbst", ist die Meinung von Karl Marx (1818–1883), einem der Begründer des Marxismus. – Die Frage nach Gott hat sich im Materialismus und somit auch im Atheismus in unserem Jahrhundert zusehends verschärft.

Die Naturwissenschaft muss von der Gottesfrage ohnehin absehen, was bedeutet, dass damit alles Transzendente ausgeklammert wird. Der Materialismus leitet Phänomene wie Seele, Geist, Bewusstsein, Leben und Kultur aus materiellen Gegebenheiten ab. An die Stelle der Religionen tritt im neuzeitlichen Materialismus der Glaube an die Vernunft und die Wissenschaft.

Da der Materialismus jede außerweltliche Wirklichkeit bestreitet, ist er auch Gegenstand der theologischen Kritik.

Zu den gegenwärtigen Paradephilosophen des Atheismus zählen *Michel Onfray, Sam Harris, Richard Dawkins, Daniel Denett* und *Christopher Hitchens*. Sie sind der Überzeugung, dass Religion eine zerstörerische Kraft sei und eine von Religion befreite Welt menschlicher und lebenswerter wäre. Als Kämpfer gegen alles Christliche (gleichgesetzt mit dem Katholizismus) wären sie froh, den Tod der jüdisch-christlichen Zivilisation endlich zu verkünden. Bald würden von ihr nur Ruinen übrig sein, schreibt Onfray in seinem Buch „Dekadenz".

Das vom Atheismus entworfene *Weltbild* ohne Gott ist nicht nur hirnloser Unfug, sondern eine Gefährdung unserer Gesellschaft. Aus der Leugnung Gottes und einer göttlichen Weltordnung, verbunden mit dem Verlust aller Wert- und Sinnsetzungen durch die Entwertung aller Werte, können Ideologien entstehen, die darauf hinzielen, individuellen und kollektiven Terror zu generieren. Täglich berichten die Zeitungen von Morden und Selbstmorden in den Familien und von Sittlichkeitsverbrechen jeglicher Art. Doch das ist nur die Spitze des Eisbergs, getragen von einer grassierenden Verantwortungslosigkeit der Menschen sich selbst und anderen gegenüber, auch gegenüber der uns von Gott geschenkten Natur. Gottlosigkeit wurzelt also in Verantwortungslosigkeit.

In Wirklichkeit besteht das Vorhaben der Gottlosen gar nicht so sehr darin, Propaganda gegen Gott zu inszenieren. Der sogenannte Atheismus hat mit Gott an sich überhaupt nichts zu tun, wie ja schon der Name verrät. Vielmehr gaukeln die Gottlosen den Menschen ein schrankenloses Leben vor, wenn es nur gelingt, wie sie sagen, den Hemmschuh Religion aus dem Weg zu räumen und stattdessen einem Leben so ganz ohne Vorschriften, ohne *Gut* und *Böse*, Tür und Tor zu öffnen.

Wer nie in seinem Leben an Gott geglaubt hat, der wird erst seinen Irrtum erkennen, sobald er verstorben ist. Möge Gott diesen und allen anderen gleichgesinnten Menschen an ihrem Todestag barmherzig sein.

10. Gibt es einen Gott oder keinen?

Zum Atheismus unserer Zeit

Die Toren sagen in ihrem Herzen:
„Es gibt keinen Gott." Sie handeln
verwerflich und schnöde; da ist
keiner, der Gutes tut. Gott blickt vom Himmel
herab auf die Menschen, ob noch
ein Verständiger da ist, der Gott sucht.
Alle sind sie abtrünnig und verdorben,
keiner tut Gutes, auch nicht ein Einziger.

(aus Psalm 53)

Die Frage, ob es Gott gibt oder nicht, ist leichter zu beantworten, als man glaubt. Ja, es gibt Gott. Wer sagt, dass es keinen Gott gibt, ist bloß zu faul, darüber nachzudenken. Atheisten verfügen über weniger Einsicht als die Menschen vor tausend Jahren, die damals in den Urwäldern gelebt haben. Diese Menschen bezogen sich nicht etwa auf die Verehrung der Natur, sondern hatten ihr eigenes Verständnis des Begriffs „Religion". Die Naturvölker hatten viele geheimnisvolle Wesen, die sie göttlich verehrten, und machten sich sogar Vorstellungen von einem obersten Gott. Alle Regionen der Welt hatten ihre eigenen Götter, zu denen sie Vertrauen hatten und die sie verehrten. Ja, Gott ist eben keine Erfindung des Christentums, aber davon später. Mit Sicherheit waren die Naturvölker hervorragende Beobachter gewesen, denen die Schönheit von Pflanzen, Bäumen und Tieren auffiel, noch mehr ihren Nutzen bewunderten und sich bei ihren Göttern bedanken wollten, weil den Menschen früherer Zeiten die Natur und das Naturgeschehen als die Ordnung ihrer Welt galt.

Ähnlich wurde im mittelalterlichen Denken der Begriff des „ordo" aufgefasst; Ordnung galt hier als die Ausrichtung alles Seienden auf Gott als Endzweck, was sich auch in der Gesellschaft und ihrer Rangordnung widerspiegelte. Wie der Bereich des Seienden standen auch das Denken und Erkennen unter dem Aspekt der Ordnung.

Des Öfteren taucht die Frage auf, warum es denn so viele Religionen gäbe, die an einen Gott glauben, auf der ganzen Erde und zu allen Zeiten; auch gab es nie einen Volksstamm, der keinen Gottesglauben gehabt hätte. Vor allem die Naturvölker kannten neben ihren Göttern auch Geister und andere Wesen, die sie verehrten. Manche ihrer heiligen Stätten zeugen von ihren Vorstellungen von einem obersten Gott. Meist wurden diesem als Schöpfer und als Urhebergott Besonderheiten zugeschrieben. Nach Überlieferung mancher Stämme sollte dieser unter den Menschen sogar gelebt haben. In Afrika hatte der oberste Gott bisweilen keinen oder unterschiedliche Namen, sodass sogar „Christentum" als Gottesname übernommen wurde.

Nun in die Neuzeit. Europas Länder leben und erleben ihr Christentum gegenwärtig ziemlich lau. Schenkt man Statistiken und lokalen Erhebungen der Wichtigkeit von Religion Glauben, ist der Aufwärtstrend zugunsten des Atheismus nicht zu übersehen. Der Atheismus als Gesellschaftslehre ist jedoch viel mehr als bloße Religionslosigkeit. Von schlichten Geistern zur Grundlage ihres Handelns genommen, vermag der Atheismus Zügellosigkeit und Verbrechen zu beschwören. Ebenso lebt der nach dem Zweiten Weltkrieg von dem Franzosen Jean-Paul Sartre (1905–1980) initiierte *Existenzialismus* fort, mit seinem unbestreitbaren Potenzial, Menschen, die kein natürliches Gefühl für Moral haben, zu einem Leben ohne Rücksicht und Verantwortung zu verführen.

Die Philosophie dieser Zeit war der Idealismus der Freiheit. Keine Weltanschauung und kein System der Werte haben Allgemeingültigkeit, lautete damals die

Parole. Mit einer solchen Einstellung wurde Sartre ein Verderber, statt ein Philosoph zu sein. Mit seiner atheistischen Einstellung und seinem politischen Engagement – so während der Studentenunruhen vom Mai 1968 – wurde Sartre zum Idol und zur politischen Leitfigur einer ganzen Generation, oder gleich mehrerer Generationen? So wurde der Atheismus zu einer Weltanschauung für ein Leben ohne Gott und eine Befreiung von der Religion.

Einige Worte zum Atheismus.

Der Atheismus (gr. atheos, ohne Gott) ist eine Wortbildung des 16. Jahrhunderts. Schon im Alten Testament im Psalm 14, die *Torheit der Gottesleugner,* steht geschrieben: Die Toren sagen in ihren Herzen: „Es gibt keinen Gott." Dann, im 19. Jahrhundert, wurde jeder Gottesglaube problematisch und man versuchte, in verschiedensten Formen den Atheismus zu begründen. Unter den Philosophen war *Sartre* derjenige, der sich mit seiner Gottlosigkeit letztlich auf Seifenblasen stützte. Was von seinen Anstrengungen übrig blieb, erschöpfte sich letztlich im Liebäugeln mit einem Weltbild ganz ohne Gott und Religion.

Unter Atheismus versteht man für gewöhnlich die Idee, dass es keinen Gott gibt. Gäbe es Gott für uns Christen *nicht*, würde das auch heißen, dass es weder unsere schöne Welt noch ein Universum geben würde. Im 19. Jahrhundert lebte einer der größten Philosophen namens Immanuel Kant, der den Begriff *Meinung* als ein mit Bewusstsein unzureichendes Fürwahrhalten erklärt. Im Unterschied dazu werden *Glauben* als eine subjektive Gewissheit und *Wissen* als subjektives und objektives Fürwahrhalten definiert.

So gesehen steht der Atheismus auf zwei Fundamenten – der Meinung und der Lächerlichkeit. Wer vom Atheismus redet, müsste nun verstanden haben, dass dieser keine Philosophie ist, sondern ein Irrtum.

(Übrigens: Jean-Paul Sartre, der sich als großer Philosoph sah, war in Wirklichkeit ein Menschenverderber.)

11. Religion – wozu?

Im Lauf der Geistesgeschichte hatten Religion und Naturwissenschaft ein wechselvolles Verhältnis zueinander. In der Frühzeit gab es keine selbstständigen Naturwissenschaften, sondern nur eine aus religiösen Mythen und philosophischen Weltanschauungen entwickelte Naturdeutung. Dann, mit rationalen Welterklärungen, entstanden schließlich von Religion unabhängige Naturwissenschaften, die eine meta-physische Deutung einer göttlichen Wirklichkeit, wie sie in den christlichen Religionen gelehrt wird, ablehnten. Dieses Wechselverhältnis zwischen den christlichen Religionen und der Naturwissenschaft zeigt sich in der Neuzeit besonders deutlich in unserer Gegenwart. Für die Menschheit bedeutet das, dass sich diese mehr und mehr den Naturwissenschaften zuwendet, hingegen der Glaube an Gott weiter an Bedeutung verliert.

In einer säkularen Gesellschaft wie der unsrigen hat es die christliche Religion heute schwer, ein Echo in der Bevölkerung zu finden. Wie es den Anschein hat, verliert das *Reich Gottes* zugunsten der Idee vom *Reich des Menschen* nach wie vor an Boden. Unsere Gesellschaft ist es gewohnt, sich ihre Produkte in einem Einkaufszentrum auszusuchen, aber Religion ist kein Fertigprodukt, das man in einen Warenkorb stecken kann und mit nach Hause nimmt.

Zu unserer Frage Religion und wozu wir diese brauchen. – Religion brauchen wir für unser Leben, auf dass es glücken mag. Nicht mehr, nicht weniger. Das religiöse Erleben ist psychologisch ein eigenständiger Akt, der sich vom Erkennen einer Wahrheit, vom Anerkennen einer sittlichen Forderung wie vom

Erfassen eines ästhetischen Wertes mit gleicher Deutlichkeit abhebt. In ihm wird der Zusammenhang des eigenen Daseins mit einem absoluten Sinngrund als Wert erfahren, der uns beseelt, uns Halt gibt und erhebt, damit aber auch als Anspruch empfunden wird, sich an ihn zu binden. Dieses Kreaturgefühl der „schlechthinnigen Abhängigkeit" (*F. D. E. Schleiermacher*) äußert sich in Gebet und Verehrung. Das Gebet ist Preis und Anruf Gottes und Gespräch mit ihm, wie auch Bitte und Versenkung in ihn.

Religion bedarf einer Theologie (gr. Lehre von Gott). Theologie ist die wissenschaftliche Lehre vom Glaubensgehalt einer Religion. Das Christentum bildete von Anfang an Lehrformeln aus, die in der Folge zu einem System der Glaubensbegriffe entwickelt wurden. Schon im Neuen Testament bestand eine unlösbare Verbindung von Theologie und Religion. In der Bibel, dem Buch der Bücher, der Heiligen Schrift, ist das grundlegende Verhältnis von Gott und Mensch dargelegt.

Wenn wir Christen sind oder werden wollen, brauchen wir Theologie, um erst einmal zu wissen, was Gott für uns bedeutet. Das gilt genauso, wie wir bei unserem leiblichen Vater vorgehen würden. Sind wir noch Kinder, wollen wir wissen, wie er seine Kindheit erlebt hat. Der Lebenslauf unseres Vaters ist sehr wichtig für uns. Er muss uns alles erzählen, denn wir sind neugierig. – Das gilt genauso für Gott. Über die Kirche und die Bibel erfahren wir alles, was wir von Gott wissen wollen. Im geschichtlichen ursprünglichen Sinn ist ja die Kirche eine Religionsgemeinschaft des christlichen

Glaubens. – Gott, der Vater, ist in Jesus Mensch geworden. So tritt uns in Jesus, wie die Evangelien berichten, dem Sohn Gottes, eine Person entgegen, die den gleichen Gemütszuständen unterworfen war, wie auch wir sie kennen: die Fähigkeit zu Freude und Mitleid, Trauer und Schmerz, zu Güte, Zorn und Angst. Im Unterschied zu uns Menschen können wir das Geheimnis von Jesus natürlich nicht in seinem biologischen Menschsein finden. Deshalb sind auch jegliche Spekulationen über seine irdische Erscheinung müßig und bleiben letztlich an oberflächlichen Äußerlichkeiten hängen, ohne je zum Kern der Botschaft vorzudringen.

Jesus Christus, der Sohn Gottes, ist das Bindeglied zwischen Gott und der Menschheit, denn Gott ist unser aller Vater. Diese Aussage müsste uns eigentlich klarmachen, dass wir nicht bloß ein Produkt der Natur sein können, sondern die von Gott in die Welt gesetzten Partner Gottes sind, die Anteil an der von Gott erschaffenen Welt nehmen dürfen.

In unserem Kulturraum ist es die christliche Religion, die wir befragen können, wenn es uns danach drängt, eine tiefere Einsicht in den Glauben an Gott, unseren Vater, zu erhalten – und welche Perspektiven sich uns dadurch eröffnen: Die Sehnsucht nach einer höheren Macht als Instanz, die über unser Ich und unsere Welt hinausweist, zu der wir uns hingezogen fühlen und bei ihr letzte Geborgenheit suchen und der wir unsere Dankbarkeit entgegenbringen können, ein andermal auch mit unserer Wut nicht hinterm Berg zu halten brauchen, wenn wir uns von ihr im Stich gelassen fühlen. Der christliche Glaube ist in der Tat ein lebendiger Glaube, der ein wesentliches Element des religiösen Grundgefühls ist. Wir Christen nennen diese Instanz *Gott*. Christen, die keinen persönlichen Glauben haben, sind keine echten Christen. Das Grundprinzip der christlichen Religion lautet vielmehr: Der Himmel steht allen Menschen aller Generationen offen, denn Gott ist der Vater aller Menschen in *Vergangenheit, Gegenwart* und *Zukunft*.

Abseits von Religion können Menschen allein durch ihre Liebe zueinander einen *natürlichen* Weg zu Gott finden. Menschen, die wahrhaft lieben, haben Vertrauen zueinander und können einander verzeihen. Liebe verlangt nach Frieden. Jesus Christus hat die Eigenschaft der Liebe in seiner Bergpredigt formuliert, jedoch die Liebe über den privaten Bereich hinausgehoben und so zum Grundprinzip des allgemeinen sittlichen Verhaltens erhoben. Diese Forderung, die auch die Feindesliebe mit einschließt, gipfelt in der absoluten Vollkommenheit der Liebe, in der Gottes- und Menschenliebe nicht zueinander in Konkurrenz stehen: Wer Gott liebt, liebt die Menschen; wer aber seinem Nächsten Gutes tut und ihn in seinen Nöten nicht allein lässt, der liebt durch ihn zugleich Gott.

Im Sinne Jesu erfüllen wir mit dem Liebesgebot die bereits alles entscheidende Aufgabe des Menschen, selbst dann, wenn unser Glaube an Gott verloren gegangen wäre. Die Aufgabe, die der christlichen Religion zufällt, besteht darin, die Totalität der Liebe, wie diese von Jesus verstanden wird, den Menschen zu predigen.

Ein Zweites. Im christlichen Glauben unserer Zeit sind alle Spekulationen über Himmel und Hölle nicht angebracht. Alle bildhaften Vorstellungen von einer jenseitigen Welt und ebenso die Darstellungen der Kunst zu diesem Thema sind in den tradierten Formen der vergangenen Jahrhunderte aus den Texten der Evangelien nicht belegbar. Das Leben der Christen hat sich alleine an der Person Jesu Christi, seiner Lehre, seinem Tod und seiner Auferstehung zu orientieren. Das Kind, das einst Papst Johannes Paul II. mit den Worten „Du bist Christus" in seine Arme genommen hat, soll an unsere eigene göttliche Herkunft erinnern. Der Knabe selbst hatte mit Sicherheit nicht verstanden, welch ungeheure Wertschätzung ihm durch diese Papstworte widerfahren war. Umso heftiger lässt einen die Realität erschaudern, wenn man weiß, wie viele Menschen weltweit mit ihresgleichen verfahren, gerade so, als wären diese seelenlose Geschöpfe, nichts anderes als tierähnliche Kreaturen. Von einer atheistisch-materialistisch geprägten Gesellschaft werden Menschen in allen Ländern der Erde millionenfach ausgebeutet, manipuliert und versklavt, weggeworfen und getötet.

Im Mitmenschen *Christus* zu sehen und durch Werke der Nächstenliebe seiner Not und Verzweiflung entgegenzutreten, um für ihn „Christus zu werden", ist freilich eine nur schwer erfüllbare Aufgabe, der sich Christen, so diese fest im Glauben stehen, nicht entziehen dürfen. „Wisst ihr denn nicht, dass ihr Gottes Tempel seid und der Geist Gottes in euch wohnt?", schreibt der Apostel Paulus und verweist mit diesen Worten auf die kreatürliche Verbundenheit des Menschen mit seinem Schöpfer und damit auf seine göttliche Herkunft.

Vertrauen wir darauf, dass Gott uns auch in schweren Stunden beisteht und wir selbst in ausweglosen Situationen eine Zeit erwarten dürfen, die uns seine Liebe wieder spüren lässt.

12. SÜNDE – DER BEGRIFF UND SEIN TUN

Herr, stell eine Wache
vor meinen Mund,
eine Wehr
vor das Tor meiner Lippen!
Gib, dass mein Herz sich bösen Worten
nicht zuneigt, dass ich nichts tue,
was schändlich ist,
zusammen mit Menschen,
die Unrecht tun.
Von ihren Leckerbissen
will ich nicht kosten.

(aus Psalm 141)

Hm! Sünde, was soll denn das sein?

Sünde, wer kann sich schon heutzutage darunter etwas vorstellen, vielleicht ein Kind, das in der Religionsstunde aufzeigt und sagt, dass Sünde mit Schuld zusammenhängt? Kann sein, dass ein zweiter Schüler sich einmischt: „Bitte, ich weiß es, das hat etwas mit Übel und Verantwortung zu tun!" Dann kommt noch eine Schülerin, die laut in die Klasse hineinruft: „Bitte, die Sünden muss man bereuen!" – So, jetzt wissen wir es: Sünde hat etwas mit Religion zu tun.

Was man unter Verantwortung versteht, wird wohl jeder ahnen, und auch, was Wahrheit und Lüge bedeuten. Wer aufgrund seiner Situation Verantwortung für etwas hat, der muss *für* seine Handlungen oder Versäumnisse und deren Folgen einstehen. Das christliche Verständnis der Sünde beruht auf der Gemeinsamkeit von Altem und Neuem Testament und ihrer Anschauung, dass Sünde ein gestörtes Verhältnis zu Gott ist. Aus der Bergpredigt ergibt sich dann ein genaueres Verständnis der Schuld gegen Gott. Der tiefe Eindruck der Bergpredigt beruht auf der Schärfe der sittlichen Forderung Jesu, die seiner Verkündung stets zugrunde liegt, hier aber besonders deutlich wird. Die von ihm verkündigte Vollkommenheit liegt im Verzicht auf Besitz, auf Gewalt, auf Durchsetzung der eigenen Rechtsansprüche. Sie ist zusammengefasst im Gebot der unbedingten Nächstenliebe bis zur Liebe des Feindes. Liebe steht nicht für das Gefühl, sondern die Tat. Für den Apostel Paulus ist Sünde nicht der einzelne Verstoß gegen ein Gebot, sondern eine den ganzen

Menschen umklammernde Macht, der er durch seine Schuld verfallen ist.

In seinem Brief an die *Römer* ist über Gottes Zorn und die Ungerechtigkeit der Menschen unter anderem zu lesen: *Seit Erschaffung der Welt wird seine unsichtbare Wirklichkeit an den Werken der Schöpfung mit der Vernunft wahrgenommen, seine ewige Macht und Gottheit. Daher sind sie unentschuldbar. Denn sie haben Gott erkannt, ihn aber nicht als Gott geehrt und ihm nicht gedankt. Sie verfielen in ihrem Denken der Nichtigkeit, und ihr unverständiges Herz wurde verfinstert. Sie behaupten, weise zu sein, und wurden zu Toren* (1, 20–22). Weiter zu lesen im Brief an die Römer 1, 23–2, 11).

In unserem Glauben spielt die Sünde eine große Rolle. Das Bußsakrament tilgt die nach der Taufe begangenen Sünden durch die Lossprechung des Priesters, wenn der Sünder durch Reue und Sündenbekenntnis mitwirkt. Das Bußsakrament wird biblisch besonders auf Joh. 20, 21–23 zurückgeführt: *Am Abend dieses ersten Tages der Woche, als die Jünger aus Furcht vor den Juden die Türen verschlossen hatten, kam Jesus, trat in ihre Mitte und sagte zu ihnen: Friede sei mit euch! Nachdem er das gesagt hatte, hauchte er sie an und sprach zu ihnen: Empfangt den Heiligen Geist! Wem ihr die Sünden vergebt, dem sind sie vergeben, wem ihr die Vergebung verweigert, dem ist sie verweigert.*

Die Sünde ist der Feind der Liebe. Leider ist unsere eigene Liebesfähigkeit keine fixe Größe. Je nach Einschätzung und Beurteilung unserer Beziehung zur Umwelt verändern sich unser Denken, Fühlen und Handeln wie auch unsere Liebesfähigkeit. So pendelt unsere Liebe ständig zwischen Zuneigung und Abneigung und erweist sich im Umgang mit den Mitmenschen deshalb im hohen Grad als unzuverlässig. Viele werden an dieser Unstetigkeit nichts Sonderbares finden, zu selbstverständlich erleben wir Liebe als ein andauerndes Wechselspiel von Gefühlen.

So ganz anders ist der Weg, den Jesus seinen Jüngern aufgezeigt hat, wie dem Zusammenleben der Menschen ein hohes Maß an Beständigkeit und innerem Zusammenhalt gegeben werden kann: sein Weg der Liebe, Barmherzigkeit und Verzeihung. Mit unserer Seele stehen wir mit Christus in einer Verbindung, die nicht als ein Symbol oder bloße geistige Verbundenheit aufzufassen ist. Aus diesem Verständnis werden wir nämlich selbst Teil der göttlichen Wirklichkeit. In der Sünde manifestiert sich das Böse schlechthin. Seiner Struktur nach ist das Böse ein Geflecht von negativen Beziehungen und Haltungen gegenüber Gott und der Mitwelt. Überall dort, wo Gott nicht mehr der letzte Halt ist, geraten die Wertmaßstäbe durcheinander, denn die Menschen vertauschen die Wahrheit Gottes mit der Lüge. Sünde entsteht durch die bewusste Entscheidung des Menschen gegen die Gebote Gottes und kann das Gott-Mensch-Verhältnis sogar dauerhaft unterbrechen. Die Faktoren, die Sünde entstehen lassen, sind mannigfach, da alle Christen ihren persönlichen Glauben auf ihre Weise erleben. Tag für Tag berichten die Medien über das Böse in seiner Vielgestalt als Mord,

Korruption, Diebstahl, Betrügerei, Misshandlung, Sittlichkeitsverbrechen etc., dass einem speiübel davon wird, mit welcher Grausamkeit und Perversion dies alles geschieht. Davon soll hier nicht die Rede sein. *Nein*, sondern von jener Sünde sei geredet, die uns von Gott zu trennen vermag, wenn wir unserem privaten Gebet, ohne dass wir wissen, warum, keine Bedeutung mehr schenken. Diese Art von Sünde kommt auf gar sanften Pfoten. Natürlich ist man Christ, der sonntags sogar gerne in die Kirche geht. Jeder Tag ist voller Stress und hat zu wenige Stunden, da kann es leicht sein, dass man den lieben Gott vergisst. Das Reden mit Gott, also das Beten zum Allerhöchsten, unser freies Beten zu unserem himmlischen Vater, ist heutzutage vielen verloren gegangen. Schade. Eine Möglichkeit gibt es, die Sünde doch noch zu vertreiben, wenn sich in unseren Wohnräumen das *Kreuz Christi* befindet. Über Gott nachzudenken und zu Gott zu beten, sind der religiösen Erfahrung nach die spirituellen Quellen eines christlichen Lebens. Beides versiegt, wenn die personale Beziehung des Menschen zu Gott abreißt. Beten hingegen hält den Weg zu Gott offen. Als Christen sehen wir unser freies Beten als Zwiesprache mit Gott. Das Gebet ist Ausdruck unseres Glaubens an den persönlichen Gott und zugleich des kindlichen Vertrauens zu unserem himmlischen Vater. Was wir Gott vorbringen, braucht nicht durchgestylt zu sein. Es ist sicher kein Malheur, wenn unser Gebet, aus welchem Grund immer, manchmal nicht so verläuft, wie wir es vorhatten. Wir dürfen uns vorstellen, dass Gott derartige Notfälle anerkennt und die Aufrichtigkeit unserer

Gefühle versteht, wenn wir ihm vorbringen, was uns am Herzen liegt. Wenn unser Glaube dahinsiecht und langsam zerbröckelt, wird auch unser Herz für Gott leer. Dann dauert es nicht mehr lange und wir finden uns in einem spirituellen Niemandsland wieder. Jedenfalls haben wir uns dafür entschieden, den Weg, den Gott für uns vorgesehen hat, endgültig zu verlassen.

Schau doch auf dich! Du bist das Kostbarste auf dieser Welt und nur dir verantwortlich. Du allein bist deines Glückes Schmied, denn nur wer sich selbst der Nächste ist, kann erfolgreich und einigermaßen zufrieden leben. In einer Gesellschaft wie der unsrigen hat Religion mit ihrem Wertekodex nur geringe Chancen, sich in dem Prozess der Selbstfindung ins Spiel zu bringen. Allerdings, wer anfängt, an Gott zu glauben, den kümmert es auch nicht, wie gefährlich der Menschen eigener Weg werden kann, wenn die von Gott in seinen Geboten gesetzten Markierungen missachtet werden. Das Gebot der Nächstenliebe, von Jesus als das wichtigste überhaupt bezeichnet, hätte der Menschheit viel unermessliches Leid erspart, wäre es nur beachtet worden. All das Predigen von den Kanzeln nutzt nichts, wenn die Menschen ihre Herzen für Gott verschließen. Als Ebenbild Gottes, als das wir geschaffen sind, hätten wir jedenfalls die hierfür erforderlichen geistigen und biologischen Anlagen, mit unseren Mitmenschen verständnisvoll und barmherzig umzugehen.

Früher einmal, als man das Böse noch Sünde nannte, verstand man darunter den freien Entschluss des Menschen, die Gebote zu ignorieren und lieber seine eigenen Wege zu gehen. Damals war das Böse noch leicht einzuordnen. Man wusste, dass mit Diebstahl, Lüge, Betrug und Gewalt immer nur falsche Handlungen gesetzt werden, durch die man seinen Mitmenschen Schaden zufügt und der weltlichen Obrigkeit zwecks Bestrafung ausgeliefert war. Mit dem Verlust, den wir das Böse nennen, ging das Empfinden für das Gute gleichfalls verloren. Heute ist der von unserer Gesellschaft hofierte „Egoismus ohne Grenzen" die alleinige Triebkraft für hemmungslosen Ehrgeiz, für Erfolg- und Machtbesessenheit, der die angeborene Sittlichkeit des Menschen aus den Angeln heben kann oder auch die Saat des Bösen in einem Menschen verstärkt.

Schon seit Jahren steigern Atheisten ihre Aktivitäten mit geradezu missionarischem Eifer, die Menschen von Gott weg zu bekehren und mit ihren Gruppierungen ihren Einfluss auf die Gesellschaft zu vergrößern. Ihrer Gesinnung zufolge gibt es bekanntlich keine Seele, weder Himmel noch Hölle oder ein Weiterleben nach dem Tod. Wo kein ewiger Richter ist, gibt es natürlich auch keine Strafe und folglich auch keine Verantwortung. Wo kein Glaube ist, braucht es auch keine Moral. Auch klar. Oder mit *Sartre* gesprochen: „Eine wirklich freie menschliche Existenz ist nur dann möglich, wenn es keinen Gott gibt." So naiv kann atheistisches Denken sein!

Der christliche Glaube ist eine lebenslange Anstrengung. Seine Lebendigkeit steht sogar in einem direkten Zusammenhang mit dem Ausmaß und der Stetigkeit der Fürsorge, die der Einzelne seinen Mitmenschen entgegenbringt. Soziales Denken und Handeln fördern die wertvollen altruistischen Eigenschaften des Menschen, indem diese gleichzeitig seine Ichbezogenheit aus dem Mittelpunkt seines Lebens rücken.

Nächstenliebe gerät aber dadurch leicht in Widerspruch zu den heute überwiegend egozentrisch ausgerichteten Lebensformen unserer Zeit, deren Einflüssen sich der Einzelne nur schwer entziehen kann.

13 ... UND GOTT IST MENSCH GEWORDEN

Was seid ihr so bestürzt?
Warum lasst ihr in eurem Herzen
solche Zweifel aufkommen?
Seht meine Hände und meine
Füße an: Ich bin es selbst.

(Luk. 24, 38–39)

Wer über diese Aussage nachzudenken beginnt, kann auch als Christ nicht begreifen, wie *unbegreiflich* die Liebe Gottes zu uns Menschen sein muss, dass Gott Vater sogar seinen Sohn zur Erde schickte, um aufzuzeigen, wie der Mensch sein Leben gestalten solle, zu seinem Glück und seiner Freude. Nun ist es beileibe nicht so, dass wir alleine dastehen, wollten wir uns mit diesem Thema intensiver beschäftigen. Dafür zuständig ist die Christologie, die dogmatische Lehre von der Person Christi, wie diese im Neuen Testament begründet ist und von der Kirche entfaltet wurde. Apropos: Der Begriff *Kirche* kommt vom griechischen Kyriake, „dem Herrn gehörendes Haus". Im geschichtlichen, ursprünglichen Sinn ist unsere Kirche eine Religionsgemeinschaft des christlich-katholischen Glaubens. Christliche Religiosität bedeutet, sich mit Gott in eine persönliche Beziehung einzulassen. Glaube, Hoffnung und Liebe – nach katholischer Glaubenslehre als göttliche Tugenden bezeichnet – sind die Quellen christlicher Spiritualität. In ihnen manifestieren sich alle sittlichen und religiösen Werte, die uns zu Brüdern und Schwestern von Jesus Christus werden lassen, die uns letztlich das Geheimnis unseres Menschseins und somit auch den Sinn unseres Lebens erkennen lassen.

Jesus ist Mensch geworden, sowohl in biologischer Hinsicht als auch seinem Geist und seiner Psyche nach. So tritt uns in den Evangelien Jesus als eine Persönlichkeit entgegen, deren Leben den gleichen Gemütszuständen unterworfen war, wie auch wir sie kennen. Die Fähigkeit zu Freude und Mitleid, Trauer und Schmerz, zu Güte, Zorn und Angst. Das Geheimnis von Jesus können wir sicher nicht in seinem biologischen Menschsein finden (s. die Evangelien). Jesus predigte dem Volk einen Gott „zum Angreifen". Was die Leute an Jesus jedoch irritierte, war seine scheinbare Überheblichkeit. Jemand aus ihrer Mitte behauptete allen Ernstes von sich, selbst Teil dieses Gottes zu sein, und zwar schon von Ewigkeit an. Da diese Aussage so ziemlich das Verrückteste war, was einem Menschen über die Lippen kommen konnte, wurde seine „Gottessohnschaft" von den meisten nicht ernst genommen. Prophet, ja. Gottessohn, niemals! In vielen Streitgesprächen versuchte Jesus den Menschen das Mysterium seiner Herkunft deutlich zu machen. Die Pharisäer hatten seine Selbstmitteilung immer schon als schwere Gotteslästerung aufgenommen, ein Vergehen, das nur mit dem Tod zu bestrafen war. Seine Jünger hatte Jesus zum Teil überzeugen können, dennoch fand angesichts des Kreuzes keiner den Mut, sich zu seinem Meister zu bekennen. Der Evangelist Johannes berichtet nur von vielen Frauen, die sich unweit der Hinrichtungsstätte aufgehalten haben.

Und das Volk Israel? Als Jesus am Ende seines Lebensweges in Jerusalem einzog, *breiteten viele ihre Kleider auf der Straße aus; andere rissen auf den Feldern Zweige ab und streuten sie auf den Weg. Die Leute, die vor ihm hergingen, riefen: „Hosanna! Gesegnet sei er, der da kommt im Namen des Herrn! Gesegnet sei das Reich unseres Vaters David, das nun kommt im Namen des Herrn!"* (Mk. 11, 8–10).

Wenige Tage später hatte sich die Lage von Grund

auf geändert. Jesus steht vor Gericht. Er ist angeklagt wegen Gotteslästerung. Der römische Statthalter Pilatus wendet sich an das Volk, das selbst über das Schicksal von Jesus befinden soll. Aufgewiegelt von der Priesterschaft, hat das Volk sich bald entschieden: Jesus muss sterben.

Jesus Christus ist der Begründer und Mittelpunkt der neutestamentlichen Verkündigung. Sein Leben und seine Lehre werden in den Evangelien hinreichend beschrieben. Die Auferstehung Christi ist die grundlegende Aussage des christlichen Glaubens. Das Neue Testament berichtet, dass der am Kreuz Gestorbene nach seinem Tod den verzagten Jüngern als Zeugen seiner Auferstehung erschien (Mark. 16; Matth. 28; Luk 24; Joh. 20). Die Auferstehung Christi ist der Inhalt der neutestamentlichen Verkündigung. Aus diesem Glauben – formuliert in Bekenntnissätzen (Röm. 10, 9; 1. Kor. 15) – entstand die Kirche. Wie bereits erwähnt, gründet darin die Hoffnung der Christen auf ihre eigene Auferstehung. Die katholische Glaubenslehre hält an der Tatsache der Auferstehung Christi als einem erwiesenen geschichtlichen Ereignis fest.

„Das Geheimnis Gottes liegt in seiner Menschwerdung; das Geheimnis des Menschen in seiner göttlichen Herkunft." (E. Bamberger) Dieser Leitgedanke, der für das Christentum von zentraler Bedeutung ist, führt uns in seiner Verschränkung in die Mitte des eucharistischen Geheimnisses. Darunter verstehen wir eine Weihehandlung in Erinnerung an das Abendmahl und die dadurch erwirkte Gegenwart des Gottmenschen Jesus Christus in den Gestalten von Brot, Wein und der Hostie – und dies vorwiegend in gottesdienstlicher Gemeinschaft und somit der Kommunion. Die Kommunion setzt das Freisein von Todsünde und daher gegebenenfalls den Empfang des Bußsakraments voraus.

Eine Partnerschaft mit Gott fällt nicht zufälligerweise vom Himmel, um es dann Gott zu überlassen, uns Menschen, ganz ohne eigenes Zutun, die ewige Seligkeit zu schenken. Was Partnerschaft unter Menschen bedeutet, wissen wir. Aber eine Partnerschaft mit Gott? – Unser menschliches Verhalten lässt sich darauf zurückführen, dass der Mensch sich grundsätzlich als ein biologisches Geschöpf und erst mit großem Abstand als ein transzendentes Wesen versteht. So trifft der Mensch, was seine Sittlichkeit betrifft – um das an einem Beispiel klar zu machen – seine Entscheidungen aufgrund seiner Gefühle und seiner Vernunft. Die von ihm getroffenen Wertungen sind in der Regel zwar vorläufig, gelten aber zugleich schon als Hinweise dafür, was ihm als das Richtige und von ihm Gewollte erscheint. Dadurch entsteht, wie auch unter Bedachtnahme und in Abstimmung mit den im Trend liegenden gesellschaftlichen Gewohnheiten, eine individuelle sittliche Verhaltensweise. Diese, wie es sich gegenwärtig zeigt, wird nicht mehr in die Begriffe *Gut* und *Böse* gefasst, sondern ist eine ganz persönliche Sittlichkeit, die jeder für sich selbst zurechtzimmert, wie immer sie dann auch aussieht. Das wiederum bedeutet, dass durch den Verlust des Erkennens von Gut und Böse die biologische Seite des Menschen gegenüber seiner transzendenten an Bedeutung zunimmt, beziehungsweise letztere in den Hintergrund tritt.

Dieser Vorgang mag erklären, warum in unserer Zeit viele Menschen nur mehr bereit sind, die biologische, also menschliche Seite von Jesus anzuerkennen, jedoch nicht mehr seine Gottheit. Weder aus Philosophie noch Psychologie oder sonstigen Denkexperimenten kann ein *Glaube* wie unserer entstehen. Wir haben uns damit abzufinden, dass Menschenverstand nun einmal rein biologischer Natur ist. Daher wird es Menschen immer schwerfallen, ihre eigentliche Bestimmung im Licht der Selbstoffenbarung Gottes zu erkennen und auch als solche zu begreifen. Und wir, die wir meinen, „echte Christen" zu sein, sind wir davon überzeugt, ein Abbild Gottes zu sein? Wer sich dieser Frage ernsthaft stellt, müsste vielleicht sein bisher gewohntes Bild von sich selbst wie das seiner Mitmenschen einmal dahingehend überdenken. Jeder, der an Gott glaubt, muss auch davon überzeugt sein, dass die uns von Gott eingehauchte Seele unserem irdischen Leben erst seinen eigentlichen Sinn gibt. Der Glaube an die Seele ist deshalb nicht minder wichtig wie der Glaube an Gott; hätte nämlich der Mensch keine unsterbliche Seele, wäre für ihn auch der Glaube an Gott überflüssig. In diesem Fall wären wir Menschen zwar evolutionsbedingt intelligenter als alle Tiere zusammengenommen, aber das wäre alles! Gott sei's gedankt, dass dem nicht so ist.

Das Grundprinzip der christlichen Religion lautet vielmehr: Der Himmel steht allen Menschen aller Generationen offen. Niemand bleibt von den Ver-heißungen Jesu Christi ausgesperrt, weder jene Menschen, die lang vor der Menschwerdung Jesu Christi lebten, noch jene, die nicht getauft wurden und in Zukunft die Taufe auch nicht empfangen werden – denn Gott ist der Vater aller Menschen in Vergangenheit, Gegenwart und Zukunft.

Der christliche Glaube ist die Religion menschlicher Freiheit, der Liebe zu Gott und zu den Mitmenschen. Diese Freiheit ist ihrem Wesen nach die radikale Entscheidung für das Gute. Ihre Kraft schöpft sie aus der Gottesebenbildlichkeit des Menschen, aus der geschöpflichen Teilnahme an der Freiheit Gottes. Damit wird Freiheit zur Wurzel allen sittlichen Lebens. Das bedeutet auch, dass kein Mensch gegen seinen Willen nach seinem Tod von Gott in den Himmel hineingezwungen wird. Wer so denkt – mich gruselt's!

Jesus Christus war nicht bloß eine Idee, sondern ein konkreter Mensch, der für uns Menschen am Kreuz gestorben und vom Tod auferstanden ist. Damit wird die von ihm gestiftete Kirche unabdingbar für die Weitergabe des Glaubens durch die Geschichte. Eine solche Kirche kann sich nicht aufgrund irgendwelcher – nach der Mode oder dem Zeitgeist wechselnder – Wünsche konstituieren, wenn sie im Namen von Jesus Christus auftreten will.

Gott sei Dank stellt sich Papst Franziskus selbst ausdrücklich als Hirte dar und nicht als studierter Theologe. Die Kirche existiert nicht um ihrer selbst willen, sondern für die Welt, der zu dienen sie berufen ist. Hier soll sie in aller Demut ein Zeichen dafür sein, dass trotz aller gegenwärtigen Bedrängnisse das Ende gut sein wird, wofür die Auferstehung Jesu uns die Gewähr bietet. Doch dieses Gute bedeutet Arbeit und vor allem Verantwortung, der wir alle uns stellen sollen. Das ist nicht nur der Auftrag für die katholische Kirche, sondern für jeden einzelnen Gläubigen.

14. GOTT UND DIE WELT
EIN NACHWORT

Jesus offenbarte dem Volk einen persönlichen, lebendigen Gott, der am Schicksal der Menschen Anteil nimmt. Es ist ja auch etwas ganz Besonderes, einen Gott zu haben, den man seinen himmlischen Vater nennen darf, dem man grenzenlos vertrauen kann, der immer für einen da ist.

In der Schöpfung und in ihren Naturgesetzen nahm die Allmacht Gottes Gestalt an. Entwicklung, Entfaltung, Tod – Werden und Vergehen – sind die Triebkräfte der Natur. Nur Menschen preisen die Schönheiten der Natur in Gedichten und Hymnen, da es ihnen allein gegeben ist, in der Schöpfung ein sinnerfülltes Geschenk Gottes zu erkennen.

Gott hat die Natur auf den Menschen hin geschaffen. Leider ruiniert sich der Mensch selber, und damit auch die Erde – seine Wohnung. Der Mensch sieht das nicht so. Ist nicht so tragisch; denn er ist nur für sich da, was sein Verhängnis ist, weil er ja nur eine „Affenart" ist. Dieser Überzeugung ist der deutsche Historiker Philipp Blom, vielfach mit Preisen ausgezeichnet und Sprachrohr des Atheismus. Die Quintessenz seiner Ansicht über den Menschen wie des Menschengeschlechtes an sich und seine daraus folgende Beurteilung der Sinnhaftigkeit jeglicher Religion lautet: Religionen sind Meistererzählungen und erheben insgesamt Wahrheitsansprüche, die heute nicht mehr aufrechtzuerhalten sind.

Seit eh und je leugnet der atheistische Mensch einen Schöpfergott und jegliche Gottesvorstellung. Er ist überzeugt, dass die menschliche Existenz von der Gottesfrage nicht berührt wird. Übrigens bedeutet

Atheist zu sein, nicht für immer Atheist sein zu müssen. Viele Zeugnisse ehemaliger Gottloser künden von persönlichen Erfahrungen, die sie dazu bewogen haben, ihre extrem negative Einstellung zu Glaube und Gott aufzugeben. Nichts lässt sich eben nicht beweisen. Der Agnostiker Woody Allen sagte einmal, dass er sich überraschen lässt, was nach seinem Tod mit ihm passieren wird. Das macht ihn schon zum Agnostiker, ein erster Schritt.

„Vieles ist gewaltig, doch nichts treibt gewaltiger sein Wesen als der Mensch", heißt es im zweiten Chorlied der Tragödie *Antigone* von Sophokles. Nie zuvor in seiner Geschichte hat das abendländische Denken durch den Mund des Dichters den Menschen so charakteristisch als ein Wesen der Macht gezeichnet. Im Rausch der Macht haben Kaiser, Könige, Diktatoren, Heerführer und Eroberer die Versklavung und Tötung von Menschen in allen Zeitepochen in den Dienst ihres „Lebenswerks" gestellt. Dem Einzelnen, dem Untertan, kam keinerlei Bedeutung zu, weshalb ihm auch kein persönlicher Lebenssinn zugestanden wurde.

Denkt man an die beiden verheerenden Weltkriege, an die Grausamkeiten offener und verdeckter Kriege in Südamerika, Afrika und im asiatischen Raum in der Vergangenheit und Gegenwart, an die Christenverfolgung, die heute so aktuell ist denn je, so hat sich bis dato an dieser Situation nicht viel geändert.

Der Mensch, der sich ansonsten gerne als das „Maß aller Dinge" fühlt und begreift, ist nicht bereit, sich den Fragen nach Gott und dem Sinn seines Daseins immer wieder aufs Neue zu stellen. In vielen Gleichnissen, am eindringlichsten wohl in der Bergpredigt, hat Jesus Christus den Menschen vor Augen gehalten, dass Selbstsucht den Weg zu Gott nicht freimachen kann. Der Egoismus – das eitle und selbstgefällige Denken und Handeln des Menschen – wird zu einer fast unüberwindbaren Schranke zu Gott. Nicht umsonst gilt die Eitelkeit als Todsünde und die Demut als ihr Gegenteil.

Die Botschaft Gottes an uns ist unmissverständlich. Der Mensch soll über die Erde herrschen und über alles Lebendige am Boden, zu Wasser und in der Luft. Offensichtlich wollte oder konnte der Mensch von Anbeginn seiner Geschichte den Sinn des Wortes „herrschen" – mit all seiner Verantwortung – nie richtig verstehen.

15. Leider noch ein Schlusswort: Jammern hilft nicht.

Vielerorts zerbröckelt der christliche Glaube in Europa, dem einstmaligen Zentrum der globalen Christianisierung. Heute geraten selbst tiefgläubige Menschen in schwere Glaubenskrisen, sodass sich viele von Jesus Christus abwenden und nur mehr den bequemen, der Welt zugewandten Weg gehen wollen.

Ich erlebte eine Zeit, eine schlimme Zeit, in der die Kirchen voll waren. Ich war damals ein Kind und durfte tagtäglich in unserer Kirche in Schwanenstadt (Oberösterreich) ministrieren. Das war in den Jahren 1939–45, in der Zeit des Zweiten Weltkriegs. Das Grauen dieser Jahre ließ sich im Schoß der Kirche offensichtlich leichter ertragen, was die hohe Anzahl der Kirchenbesucher erklärte. Für einen jungen Christen, der in einem Städtchen mit etwa 2400 Einwohnern beheimatet war, war es eine Selbstverständlichkeit, am pfarrlichen Leben aktiv teilzunehmen. Meine Mutter, deren Bruder im KZ Mauthausen ums Leben kam, war ebenso eine tägliche Besucherin der Gottesdienste.

Aus beruflichen Gründen wurde in den 1960er-Jahren Wien für mich zur zweiten Heimat. Anlässlich eines Urlaubs im Salzkammergut machte ich einen Halt in Schwanenstadt. Das Städtchen hatte der Zeit entsprechend an Größe und Einwohnerzahl stark zugenommen, wenn auch die im neugotischen Stil errichtete Pfarrkirche mit 1000 Sitzplätzen wie eh und je das Stadtbild dominierte.

Es war ein Sonntag. Ich betrete am frühen Morgen die Kirche, um an der Heiligen Messe teilzunehmen. Ich genieße die Stille des Gotteshauses und nichts stört meine Gedanken, die mich in die Zeit meiner

Ministrantenjahre zurückversetzen. Nach wie vor stehen die drei Beichtstühle in der Beichtkammer, direkt neben dem linken Seitenaltar. Man brauchte damals viel Geduld, um an Feiertagen seine Sünden loszuwerden. Bis zu einer halben Stunde Wartezeit war üblich. Schlange stehen vor den Beichtstühlen, wo finden wir ein derartiges Gedränge heute noch in einer Pfarrkirche?

Ich schaue auf die Uhr. In zehn Minuten müsste der Gottesdienst beginnen. Ich zähle bloß 35 Besucher, was mich staunen lässt. Ich verlasse die Kirche, gehe zur Anschlagtafel und bin fassungslos: Keine Heilige Messe, stattdessen ein Wortgottesdienst! Es ist ja kein Geheimnis, dass der sonntägliche Kirchenbesuch seit Langem rückgängig ist. So ergab eine Erhebung der Dompfarre St. Stephan in Wien, dass nur mehr drei Prozent der Wienerinnen und Wiener, und das schon seit Jahren, die Sonntagsmesse besuchen. Solche Verhältnisse aber in Schwanenstadt anzutreffen, das schockierte mich besonders. Völlig alleine in der Kirche, starre ich auf die 1000 fast leeren Sitzplätze, überlege, was wohl die Ursache für den rapiden Abfall vom christlichen Glauben sein mag, und komme zu folgendem Schluss.

Die Abwendung von der christlichen Religion, wie wir sie gegenwärtig in Europa so massiv erleben, hat vielerlei Ursachen. Dass jemand ausschließlich wegen zu hoher Beitragszahlungen die Kirche verlässt, ist von allen Gründen vielleicht einer der fadenscheinigsten. In der Regel ist die innere Abkehr vom Glauben lange schon vorbereitet. Wenn eklatantes Fehlverhalten, gerade von katholischen Priestern, den Weg in die Öffentlichkeit findet, wird dieses gerne als willkommene Ausstiegshilfe und entscheidender Anlass genutzt, der Kirche oder sogar insgesamt dem Glauben – sogar ganz ohne Gewissensbisse! – den Rücken zu kehren.

Wir dürfen nie unsere wackelig gewordenen Fragen nach Gott von unseren Stimmungen und Befindlichkeiten abhängig machen. Denken wir lieber nach, wie wir dieses Auf und Ab bewältigen können, um wieder einen Zugang zu Gott zu finden, und benehmen wir uns nicht wie ein kleines Kind, das seine Spielsachen bekommen hat und jetzt die Mama – Pardon, den lieben Gott – nicht mehr braucht. Oder es seine Spielsachen eben nicht bekommen hat und jetzt deshalb beleidigt ist. Denn, wie menschliches Leben ohne die Triebkräfte des Körpers und des Geistes nicht vorstellbar sind, so bedürfen wir Menschen der Liebe Gottes.

… ZUM WEITERLESEN:

Eckehard Bamberger
Gott und Ich -
Eine Partnerschaft
für immer und ewig

174 Seiten, gebunden
Hardcover, 140 x 220 mm
ISBN-13: 978-3950349924
Preis: 14,90€
OLONA Edition
www.olona-edition.at

Die Texte dieses Buches sind Impulsgeber für Gottessucher und Fromme. Ein Leben mit Gott zu führen, bedeutet, in einer Partnerschaft mit Gott, die Quelle menschlichen Glücks gefunden zu haben. Wie aber kommt man zum Glauben? Dass der Glaube nicht von ungefähr kommt, hat wohl jeder von uns erfahren. Auch Lesen, Rechnen und Schreiben kamen nicht von selber.

Was aber geschieht, sollte man das Pech haben, niemanden zu kennen, der mit Religion und Gott etwas anzufangen weiß? Wäre das etwa ein Grund, sein ganzes Leben lang glaubenslos bleiben zu müssen? Der persönliche Glaubensweg des Autors gibt auf unterhaltsame Weise Antwort und beleuchtet den Glauben der Kirche, als das zweite Leben eines Christen.

Eckehard Bamberger
Psalm 1 - Die Wege Gottes
und der Menschen

261 Seiten, gebunden,
Hardcover, 150 x 220 mm
ISBN-13: 978-3950349917
Preis: 18,50€
OLONA Edition
www.olona-edition.at

Vielerorts zerbröckelt der christliche Glaube in Europa, dem einstmaligen Zentrum der globalen Christianisierung. Heute geraten selbst tiefgläubige Menschen in schwere Glaubenskrisen, sodass sich viele von Jesus Christus abwenden und nur mehr den bequemen, der Welt zugewandten Weg gehen wollen. Diese zu ermutigen dem Leben seinen religiösen Sinn wieder zurückzugeben, ist das Anliegen dieses Buches.

Die Zukunft der Christen in Europa wird davon abhängen, den Atheismus unserer Zeit nicht als ein unabwendbares Schicksal hinzunehmen. Der Autor geht den Ursachen eines in dieser Größe noch nie dagewesenen Glaubensverlustes nach und fragt nach der Verantwortlichkeit für die Entchristlichung unserer Gesellschaft.

Eckehard Bamberger
Lichtkreise.
Provokationen
christlichen Denkens.

207 Seiten, gebunden,
Hardcover, 170 x 220 mm
ISBN-13: 978-3200010918
Preis: 20,60 €
OLONA Edition
www.olona-edition.at

Ein außergewöhnliches Orientierungsbuch das jene ansprechen wird, die neue Facetten des christlichen Glaubens kennenlernen wollen. Themen wie Religiosität - eine „Sache der Begabung", Supermacht Gott oder das Alte Testament und der christliche Glaube, provozieren und setzen Impulse für ein neues Glaubensverständnis. Zum anderen möchte es selbstzufriedene Christen in Unruhe versetzen, ihr spirituelles Leben einmal unter die Lupe zu nehmen und zu prüfen, wieweit sie mit der Lehre Jesu Christi noch im Einklang stehen.